VOYAGE
DE LONDRES
A GÊNES.

TOME TROISIEME.

VOYAGE
DE LONDRES
A GÊNES.
Passant par l'Angleterre, le Portugal, l'Espagne, et la France.

Par JOSEPH BARETTI,
Secrétaire pour la Correspondance Etrangere de l'Académie Royale de Peinture, de Sculpture & d'Architecture.

Traduit de l'Anglois sur la troisieme Edition, en quatre Volumes.

TOME TROISIEME.

A AMSTERDAM,
Chez MARC-MICHEL REY.
MDCCLXXVII.

VOYAGE
DE
LONDRES
A GÊNES.

LETTRE LVII.

Tous les hommes se ressemblent. Libraires & Imprimeurs. Caractere de la langue Espagnole. Dictionnaire Espagnol. Etymologiste Espagnol. Gongora. Lopes de Vega, & Calderon. Autos Sacramentales & Loas. Le Diable dans plusieurs pieces de Théatre. Le Diable devenu prédicateur. Augustin Moreto, point d'actes, mais des journées. Les unités peu observées. Sainéte, Zarzuela, Entremés & Mociganga. Clerc de paroisse. Traductions des auteurs classiques, & Livres de Chevalerie. Quevedo, Feyjoo, De l'Isla & son Fray

Gerundio. Cafiri *Lifte de Livres Arabes.* Juan, & Alloa. Lopez. *Bibliothéques publique.*

Madrid, 10 Octobre 1760.

Ceux qui se sont attachés à peindre le le caractere des nations modernes & se sont distingués dans cette carriere sont une espece d'Auteurs dont le nombre s'est prodigieusement multiplié dans le courant de ce siecle dans toute l'Europe, ils conviennent assez généralement, qu'il y a une très-grande différence entre les inclinations naturelles des différens peuples ; que (par exemple) l'indolence est aussi inherente à l'Espagnol & à l'Italien que l'activité l'est à l'Anglois ou au Hollandois mais on n'a pas besoin de beaucoup de sagacité pour s'assurer de la fausseté de cette assertion, & même de toutes les assertions de cette espece: il ne faut pour y parvenir que secouer sa paresse ordinaire, mettre de côté les préjugés nationaux, exercer ses facultés; alors on connoitra facilement la force & l'étendue de sa conception.

Les hommes n'ont d'autres qualites inhérentes, que celles qui sont communes à toute l'espece humaine, & si nous convenions que ces peintres de caracteres ne se font point trompés dans leurs assertions; nous ne saurions nous empêcher d'adopter le sentiment absurde qui prétend, que la Providence a été assez partiale pour accorder à une nation (par exemple) l'amour inné du travail, & à une autre une aversion invincible pour toute espece d'occupation.

La raison suffit seule, si nous voulons l'écouter, pour nous prouver qu'il n'y a rien de moins vrai : elle nous fera comprendre, que la nature humaine a toujours été la même dans tout l'univers, quoique les les différens peuples qui le composent puissent différer pour un tems les uns des autres à plusieurs égards; & être alternativement actifs ou indolents, braves ou poltrons, savants ou ignorans, honnêtes ou déshonnêtes; elle seule nous apprendra que certains vices & certaines vertus regnent plus communément dans l'une ou l'autre partie du globe; ont un ascendant plus marqué sur sur ses habitans pendant un certain tems & quoiqu'on s'imagine qu'il seroit impossible de leur résister, peu à peu leur force se perd, & elles finissent par disparoitre entiérement, & font place à d'autres vertus, & à de nouveaux vices, qui élevent, ou abaissent l'ame des peuples, & leur impripriment leurs caracteres.

A 2

Cette viciffitude eft continuelle quoiquelle foit quelquefois plus & d'autrefois moins fenfible : les hommes cependant reftent toujours dans le fonds les mêmes ; toujours fufceptibles de bonnes & de mauvaifes qualités avec les mêmes inclinations, & le même caractere. Si l'activité prévaut chez un peuple, les vertus qui en font les compagnes néceffaires rendront cette nation fupérieure aux autres. Si l'oifiveté prévaut, elle leur fera inférieure. Ce font là, les véritables caufes qui ont rendu fucceffivement telle nation puiffante, ou foible ; telle autre eftimable ou méprifable. Les Médes, les Affyriens, les Perfes, les Macédoniens, les Grecs, les Romains, les Gots, les Turcs, & autres ont été tour à tour les plus grands & les derniers des peuples de l'univers. Chacun de ces peuples a eu fon periode & fon beau fiecle pendant lequel il a été dans le cas de reprocher aux autres leur oifiveté, & leur peu d'émulation.

L'Anglois, qui eft aujourd'hui le peuple le plus actif qui exifte, fe trouve par conféquent le premier de l'univers : perfonne n'eft en état de prédire combien de tems, il confervera ce pofte d'honneur : & chacun peut prévoir, que s'il ne continue pas à faire tous fes efforts pour s'y maintenir; il retrogradera néceſſairement à l'exemple des François & des Eſpagnols, qui ont été à leur tour très-actifs il n'y a pas bien longtems, & ont perdu leur prééminence par le relâchement de cette activité qui les animoit pendant une certaine époque. Que les Anglois ſe rallentiſſent de leur activité préſente, & ils déchoiront avec une rapidité égale à celle avec laquelle ils ſe ſont élevés. Ils verront certainement quelque nation rivale s'établir ſur leurs ruines; & autoriſer les auteurs de caracteres, qui ſeront en vogue dans la génération ſuivante, à diffâmer leurs déſcendans qui ſont encore à naître, en leur reprochant cette pareſſe, qu'ils reprochent actuellement eux-mêmes avec quelque apparence de raiſon aux autres, ſurtout aux Eſpagnols.

Mais ſuppoſons pour un moment, que les Anglois vinſſent à être dépouillés de leur ſupériorité actuelle ſur toutes les autres nations, ſupériorité qu'ils ont inconteſtablement obtenue par leur activité peu commune: ſuppoſons encore que leur influence ne s'étende pas beaucoup au delà de leur pays; ainſi qu'il en eſt généralement parlant des Eſpagnols: quelqu'un peut-il penſer ſérieuſement qu'en pareil cas le naturel des Anglois, pût être altéré ; & que leur caractere préfent fubît un changement réel ? Qu'ils devinffent intrinféquemment moins courageux qu'ils ne le font actuellement, moins généreux, moins portés à cultiver toutes les fciences, moins propres à perfectionner tous les arts ?

Sûrement une révolution auffi confidérable ne fauroit arriver. Ils feroient auffi équitables qu'ils le font à préfent, quoiqu'ils euffent moins d'occafions d'exercer leur juftice, ils entreprendroient moins de voyages par mer, combattroient plus rarement, feroient moins de libéralités, étudieroient moins, travailleroient moins & voilà tout ce que nous pouvons raifonnablement imaginer qui arriveroit.

Ces réflexions me donnent fouvent de l'humeur contre ces prétendus philofophes, qui crient continuellement à nos oreilles que les Italiens font naturellement jaloux, les François naturellement legers, les Allemands naturellement pefans. Comment s'empêcher de fe fâcher lorfqu'un fat ofe déclamer contre l'efpece humaine & la repréfenter fous ces fauffes couleurs ? De pareilles affertions méritent d'être perpétuellement combattues ; & l'on doit faifir toutes les occafions d'en démontrer la partialité, le ridicule & l'abfurdité, comme tendantes en général à fomenter le mépris

& la haine d'une partie du genre humain contre l'autre; conduite qui ne sauroit être que celle d'hommes semblables aux démons; il est de la nature de ces mauvais génies de répandre ces notions erronnées; afin d'empêcher que les hommes ne se regardent comme freres, mais qu'ils se haissent & se méprisent mutuellement. Ceux qui ne s'abandonnent point aux suggestions de l'esprit malin, nous ont appris depuis longtems, que le genre humain ne composoit qu'une seule famille très-nombreuse; & celui qui contribue autant qu'il dépend de lui à y entretenir la discorde, & l'inimitié par des rapports partiaux & dénués de vérité; ne cherche certainement pas à la rendre heureuse & paisible.

Par ce grave & polixe exorde vous vous appercevrez facilement que je suis bien éloigné d'adopter l'idée trop générale, que les Espagnols sont naturellement paresseux: s'ils s'occupent moins que les Anglois, les Hollandois, ou tout autre peuple; c'est qu'ils ont réellement moins à faire qu'eux. Qu'on les mette dans le cas de montrer une plus grande activité & ils seront plus actifs. J'en juge par ce qui se passe actuellement sous mes yeux. Je les vois dans leurs boutiques & dans leurs atteliers; & je me convains qu'ils font tout ce qu'exige leur vocation avec la gaieté, & la diligence convenable.

J'ai visité ce matin une Imprimerie considérable, dans la rue de *las Carretas* habitée principalement par des Imprimeurs & des Libraires. La diligence de cinquante ouvriers, au moins, employés dans cette Imprimerie, m'a convaincu que toutes les fois qu'on mettoit les Espagnols à même de travailler, ils étoient tout aussi diligents que d'autres. J'ai demandé à deux de ces ouvriers qui travailloient à une presse, combien de feuilles il étoient en état d'imprimer dans leur journée ; ils m'ont répondu que cela pouvoit aller à deux mille cinq cents, ce qui m'a paru très honnête : surtout ne me paroissant pas être des plus robustes. Si le nombre des Lecteurs dans ce pays égaloit ceux d'Angleterre & de France, les Imprimeurs Espagnols travailleroient tout autant que ceux de ces deux Royaumes par la même raison, les ouvriers dans les autres manufactures imiteroient les Imprimeurs. Que deviendroient alors les assertions défavorables rélativement à cette nation, de tant d'écrivains superficiels, singes de la Bruyere, qui prennent continuellement les effets pour les causes, & se plai-

plaisent à représenter une partie du genre humain comme différente intrinséquement de l'autre?

Ayant parcouru quelques-unes de cette multitude de boutiques de Libraires qui se trouvent dans cette rue de *las Carretas*, & dans quelques autres: j'ai eu lieu d'être étonné de la grande quantité d'ouvrages que les Espagnols ont composés dans leur langue: avant que j'eusse été dans ce pays, je savois qu'ils en avoient beaucoup de Théologie, d'Histoire & de Poësie; mais j'avois à peine une idée de leur littérature. D'après les différens livres qui ont passé en revue sous mes yeux depuis que je suis dans ce Royaume, je ne saurois m'empêcher de croire que nous avons trop négligé les productions des savans Espagnols des connoissances desquels nous ne faisons pas tout le cas que nous devrions. Nous sommes assez au fait dans nos grandes villes de la littérature Françoise; on n'y est pas tout à fait ignorant de celle d'Angleterre on a même traduit plusieurs productions de cette Isle en notre langue, mais nous avons honteusement négligé les livres des Espagnols, du moins depuis peu: nous n'avons presque aucune connoissance de ceux qu'ils ont publié de puis près de deux fiecles; quoique notre langue ait beaucoup plus d'affinité avec la leur, qu'avec celle des François, ou des Anglois.

La langue Efpagnole, fi l'on a égard à fa prononciation, me paroit plus harmonieufe que la nôtre: Elle eft du moins tout auffi propre à la mufique, il n'en eft pas de même du François & de l'Anglois: elle a comme le Tofcan quelques fons un peu gutthuraux: qui charment mon oreille: vous n'aurez pas de peine à vous imaginer qu'étant parlée par un Roi & par une cour bien plus confidérable qu'aucune que nous ayons en Italie: elle eft conféquemment bien plus rafinée que la nôtre, peut-être auffi plus abondante en mots & en phrafes. Il n'eft pas ordinaire en Italie d'entendre le peuple parler le Tofcan avec précifion & élégance, même en Tofcane. Mais ici hommes & femmes, à peine au-deffus de la populace, fe font une étude ainfi qu'en Angleterre & en France de s'exprimer de la maniere la plus convenable. Plufieurs des Ecrivains modernes de ce pays fe font efforcés de furpaffer leurs prédéceffeurs à cet égard, en eft il de même chez nous? Non, un grand nombre de nos auteurs femblent avoir eu l'émulation de forger à l'envi les uns des autres des mots & des conſtructions barbares.

Le Grand Dictionnaire de cette langue eſt pour le moins auſſi volumineux que celui *Della Cruſca*, & a été compilé par les membres d'une Académie de belles-lettres fondée dans cette ville par Philippe V. ſous le nom de l'Académie Royale Eſpagnole.

Ce Dictionnaire a ſix Volumes in quarto d'environ 700 pages chacun : il a été publié en 1726.

Le premier Volume contient l'Epitre dédicatoire au Roi fondateur de l'Académie : qui (à ce que porte le titre) a fait les frais de cet ouvrage.

Ce premier Volume outre la dédicace contient une Préface, l'Hiſtoire de l'Académie, un diſcours ſur l'origine de la langue Eſpagnole, un autre ſur les étymologies de cette langue, & un troiſieme ſur ſon orthographe, accompagnés d'une liſte des Auteurs des ouvrages deſquels les Académiciens ont tiré leur vaſte compilation.

Ces Auteurs ſont rangés chronologiquement dans la liſte, & diviſés en ſix Claſſes.

La premiere Claſſe contient les écrivains qui ont écrit avant l'année 1200. Je devrois dire *écrivain* au singulier & point au pluriel, puisqu'ils ne citent pour cette Classe qu'un seul livre qui a pour titre *Fuero Jurgo*. Cet ouvrage publié originairement en Latin, long-tems avant que les Arabes, eussent conquis l'Espagne, & traduit en Espagnol vers le onzieme siecle, à ce que prétendent plusieurs savans, est regardé ici comme la source des loix de la Monarchie, & la baze de leurs Institutions politiques, comme *Magna Charta* chez les Anglois.

Il n'est question dans la seconde Classe que de trois ouvrages composés dans le troisieme siecle.

Les Auteurs de la troisieme Classe depuis l'année 1300 jusqu'à l'année 1400 sont assez nombreux : & encore plus ceux qui suivent depuis 1400 jusqu'à 1500 & plus avant.

La langue Espagnole a été cultivée aussitôt que la Toscane, les livres de cette langue composés dans le quatorzieme siecle, ne different que très-peu, rélativement aux mots & aux phrases, de ceux qui ont été composés depuis peu, ce qui est à peu près de même chez nous, les Espagnols ont ainsi que nous écrit sur toutes sortes de manieres.

Il est très-difficile de se procurer ce Dictionnaire Espagnol complet. Il paroit, que les Académiciens ont fait présent de nombre d'exemplaires du premier Volume des qu'il a paru; & qu'ils en ont distribué à tous les hommes un peu célébrés de la nation, supposant que ceux auxquels ils auroient donné ce Tome *gratis*, n'hésiteroient pas à acheter la suite dès qu'elle paroîtroit; ils se sont trompés; & il leur est resté plusieurs exemplaires des cinq derniers Volumes; de sorte qu'il est aisé de se les procurer ainsi incomplets pour cinq doublons; lorsqu'il se trouve complet il coûte le triple de cette somme.

Outre ce Dictionnaire, les Espagnols ont un grand nombre de livres, qui traitent uniquement de leur langue. On compte parmi les plus estimés ceux de *Bernardo Aldrete*, & de *Sebastian de Covaruvias Orozco*.

L'ouvrage *d'Aldrete* est intitulé *Del origen y Principio de la Sengua Castellana o Romance que oy se usa en Espana*. Imprime à Madrid en 1674. C'est-à-dire de l'origine, & du principe de la Langue Castillane ou Romance dont on se sert aujourd'hui en Espagne. Vous savez que les Espagnols nomment leur langue. *Lengua Espanola*, *Lengua Castellana*, *Romance Castellano*, ou simplement *Romance* sans y ajouter le mot *Caſtellano* ou *Eſpanol:* de ſorte que l'on dit de celui qui parle *Eſpagnol*, *hombre que habla el Romance:* nous donnons pareillement trois différens noms à notre langue. *Lingua Italiana*, *Lingua Toſcana & Lingua Volgare.*

L'ouvrage d'*Aldrete* (petit in folio fort mince) eſt auſſi rare que le premier Volume du Dictionnaire Eſpagnol, s'il ne l'eſt davantage, je le payai plus cher que je n'aurois dû, eu égard à ma qualité de voyageur peu chargé d'argent; mais je n'ai pu réſiſter à la tentation, ce livre eſt plein de cette eſpece d'érudition pour laquelle j'ai toujours eu du foible. Aldrete pouſſe ſes recherches ſur la langue Eſpagnole juſqu'au temps des Romains; il parcourt les changemens qu'elle a ſubi ſous les diverſes nations qui ont ſucceſſivement envahi & poſſédé l'Eſpagne. Son livre conformément à ce qu'exigeoit ſon plan eſt recommandable par ſa profonde ſcience & renferme bien des choſes curieuſes.

J'ai vu deux éditions de l'ouvrage de *Covarruvias*, toutes deux in folio, & en deux Volumes, la premiere publiée en 1673: la ſeconde en 1674. par le même Imprimeur, *Melchor Sanchez* à Madrid. La ſeconde eſt la meilleure. Ce livre eſt intitulé *Teſoro de la lengua Caſtellana o Eſ-*

panola. Tréfor de la langue Caſtellane ou Eſpagnole, augmenté par *Remigio Noydens.*

Ce tréfor eſt une eſpece de Dictionnaire étymológique: pluſieurs milliers de mots Eſpagnols, dérivés de l'Hébreu, du Grec, du Latin, du Cantabre, du Gotique, de l'Arabe, & d'autres Langues, y ſont amplement expliqués & éclaircis: Il y a peu de Nations qui puiſſent ſe vanter d'avoir des étymologiſtes comparables à *Covarruvias & à Noydens.*

Outre ce Dictionnaire, les Académiciens Eſpagnols ont encore publié un petit Octavo, intitulé (1) *Ortographia de la lengua Eſpanola.* Si l'un de vous ſouhaitoit jamais ſavoir l'Eſpagnol mieux que paſſablement, je viens de vous indiquer les principaux ouvrages indiſpenſablement néceſſaires pour y parvenir.

S'il m'étoit poſſible de ſéjourner ici ſeulement une année. Je ferois certainement mes efforts pour pouvoir entreprendre ce qui n'a point encore été tenté par aucun de nos compatriotes, & donner à l'Italie une idée des connoiſſances que cette nation

---

(1) La Meilleure édition eſt la troiſieme publiée à Madrid en 1763. C'eſt un 8vo d'environ 260 pages très-bien imprimé.

Tome *III.*

s'eſt procurées, & a ramaſſées depuis ces derniers ſiecles. Cette entrepriſe eſt actuellement fort au-deſſus de mes forces. Il y a déjà bien des années que je fais tout ce qui m'eſt néceſſaire d'Eſpagnol pour la converſation ordinaire: je ſuis même en état de ſentir ſon élégance & pluſieurs de ſes beautés, mais il ne m'a jamais été poſſible de m'y appliquer avec aſſiduité; n'ayant jamais eu en m'a poſſeſſion certain nombre de livres de cette langue à la fois. *Don Quichotte*, quelques Poëſies lyriques de *Boſcan* & de *Garcillaſſo*, quelques pieces de Théatre de *Calderon* & *de Vega*, les Hiſtoires de *Solis*, de *Sandoval* & *d'Herrera*; une demie douzaine de *Livres de Chevalerie*, avec *Lazarille de Tormes*. Le Poëme de *l'Araucana*, & la traduction de *Roland le Furieux*, ſont à peu près tous les ouvrages Eſpagnols que j'ai lus. Avec un Capital ſi peu conſidérable que pourrois-je faire pour l'exécution d'une entrepriſe auſſi difficile, que celle de donner une idée un peu complete de l'érudition Eſpagnole?

Je ne veux cependant pas me taire ſur un ſujet auſſi important; je vais vous communiquer le peu que j'en ſais.

Le langage Poëtique Eſpagnol me paroit encore plus éloigné de leur proſe que celui de nos Poëtes & de nos Auteurs profaïques. Je trouve quelques-uns de leurs Poëtes si difficiles à entendre, que je suis arrêté presque à chaque page, surtout lorsque je lis les ouvrages de *Gongora*, poëte lyrique satirique, ridiculisé par *le Sage*, dans son fameux Roman de *Gil Blas*; quoi que fort estimé de ses compatriotes. Il me faudroit sûrement quelques mois d'application soutenue pour me mettre parfaitement en état de bien entendre *Gongora*, quoique je life *Boscan* & *Garcillasso* avec autant de facilité que je lis *Petrarque* & *Bembo*, dont les vers lyriques semblent avoir été imité par ces deux Poëtes Espagnols.

Je crois qu'il est inutile de vous dire, que cette nation a produit un nombre prodigieux de Poëtes Dramatiques: les deux qui ont été les plus feconds sont *Lopes de Vega Carpio*, & *Calderon de la Barca*.

Lopes de Vega, a ce qu'on assure, a laissé plus de trois cents pieces de Théatre imprimées; qui ne font pas le tiers de celles qu'il a composées (2) il n'a jamais existé d'imagination aussi fertile en intrigues, & en caracteres dramatiques que celle

(2) On lui en attribue une si grande quantité, que je n'ose pas dire à combien elles se montent : de peur qu'on ne m'accuse de trop de crédulité.

de ce Poëte : Je poſſède dix Volumes in quarto des Oeuvres de *Calderon* contenant près que *cent trente* pieces de Théatre, outre ſix autres Volumes de même format de ſes *Autos Sacramentales*, qui ſont une eſpece de Tragédies, Comédies, ou Tragi-Comédies ſaintes. Il a compoſé près de cent de ces *Autos* & il exiſte un Catalogue imprimé de cent autres qu'on lui attribue, quoiqu'elles ne ſe trouvent point dans le receuil de ſes Oeuvres, publiées après ſa mort par l'un de ſes intimes amis.

Il ſeroit trop long d'entreprendre la critique de ces deux Poëtes dramatiques, d'ailleurs l'entrepriſe ſeroit au-deſſus de mes forces : pour s'ériger en juge des productions théatrales d'une nation étrangere, il faut avoir une connoiſſance plus parfaite de ſa langue, de ſes mœurs, & de ſes uſages que celle que j'ai de ceux des Eſpagnols. Je me contenterai de dire en général, qu'aucune autre nation que l'Eſpanole & la Portugaiſe ne ſauroient ſupporter la repréſentation d'un *Auto Sacramental*, dont il exiſte pluſieurs autres en Eſpagnol, que ceux de *Calderon*.

Le mélange du ſacré & du prophane que l'on trouve dans cette eſpece de drame, ne ſauroit être que du goût des Eſpagnols & des Portugais. Dans tous les *Autos* que j'ai lus jusqu'à préfent, j'y trouve parmi plufieurs fingularités, des hommes & des femmes perfonnifiant des êtres allégoriques, des Déïtes fabuleufes, des Prophetes & des Saints, des Anges & des Diables, la bienheureufe Vierge, & notre Sauveur même.

Pour vous donner l'idée d'un *Auto*, je me contenterai de vous citer les noms des perfonnages d'une des pieces de ce genre, compofée par Calderon & intitulée: *A Dios por razon de eftado: à Dieu pour raifon d'état.*

L'Efprit, un Gentilhomme.
La penfée, un infenfé.
La Religion payenne, une Dame-laide.
La Synagogue, une femme malpropre.
L'Atheïfme, un homme monftreux.
St. Paul, l'Apôtre.
Le Baptême, un bel enfant.
La Confeffion, une femme.
La Prêtrife, un homme.
Le Mariage, un homme.
La Loi naturelle, une femme.
La Loi écrite, une femme.
La Loi de Grace, une Dame.
Trois femmes chantantes.

Que diriez-vous de pareils caracteres, si on les présentoit sur notre Théatre, supposant même qu'ils fussent analogues au sujet?

Les *Autos*, sont ordinairement précédés par une *Loa* qui est quelquefois une piece complete, d'autres fois une simple Introduction ou Prologue. Les personnages dramatiques que l'on trouve dans la *Loa* qui sert d'introduction à *l'Auto* que je viens de citer, ne sont pas moins singuliers que ceux de *l'Auto* même : les voici.

La Foy, une Dame.
La Renommée, une Dame.
Le Pouvoir du raisonnement, un Gentilhomme.
La Théologie, une Dame.
La Jurisprudence, une Dame.
La Philosophie, une Dame.
La Physique, une Dame.
La Nature, une Dame.
Musiciens, des deux sexes.

Vous serez peut-être surpris du grand nombre d'Acteurs femelles introduits par *Calderon* dans ces pieces : mais outre que les mots *Foy, Renommée, Théologie, Jurisprudence*, &c. sont féminins en Espagnol : vous devez encore favoir que, du tems de ce Poëte, il n'étoit pas permis aux hommes de paroitre fur le Théatre ; de forte que leurs rôles, étoient alors remplis par des femmes ; & il n'y a que peu d'années, que les Efpagnols ont obtenu la permiffion d'en mettre fur la fçene, je ne faurois dire fi c'eft le Gouvernement ou l'Inquifition qui la leur a accordée : Cet exemple en eft un bien frappant des caprices auxquels les nations font fujettes. Il y a environ cent ans qu'en Angleterre on ne permettoit point aux femmes de jouer la Comédie : cet ufage s'eft maintenu pendant plufieurs fiecles, & eft encore actuellement fuivi à Rome & en Portugal.

Outre les *Loas* faintes qui précédent fréquemment les *Autos Sacramentales*, les Efpagnols en ont de Prophanes divifées en un ou en deux Actes. On les repréfente aux jours de folemnité, furtout à ceux des naiffances, & des mariages de leurs Rois, de leurs Reines, & d'autres perfonnes de la premiere diftinction. Dans une des *Loas* de *Calderon*, repréfentée à l'honneur de Charles II. je trouve parmi les interlocuteurs trois oifeaux, le *Phénix*, *l'Aigle*, & le *Paon*, ainfi que les *douze mois*, & les *douze fignes fignes du Zodiaque*. Cela eft auffi rifible que les Opera des François, où ils font danfer non feulement des *rivieres* & des *fleuves* mais même des *rofes*, des *tulipes* & *d'autres fleurs*.

Il y a encore plufieurs autres *Loas* qui font repréfentées chez les grands Seigneurs par leurs domeftiques fur des Théatres conftruits exprès & pour le moment, furtout lorfqu'il leur arrive de fe marier dans leurs terres. Un Seigneur bienfaifant eft fûr dans ces *Loas* domeftiques d'être comparé à Jupiter, à Mars, ou à Neptune : Junon, Venus, Minerve, Diane, & toutes les Déeffes imaginables font forcées de fe profterner devant fa nouvelle époufe ou même devant fa mere.

L'on affure que le commun peuple ici goûte beaucoup les *Loas* faintes, ainfi que les *Autos*: parce qu'ils font ornés de beaucoup de Spectacle : mais les gens raifonnables en font peu de cas; ce qui prouve, fi je ne me trompe, que la faine critique fait des progrès dans ce Royaume : on m'a même affuré que le Roi fe propofoit (3) de défendre qu'on les repréfentât, les Ecclefiaftiques du premier rang n'ayant ceffé de lui faire des repréfentations contre cette efpece de Drame depuis fon avénement au trône.

(3) Sa Majefté a défendu les *Autos* & les *Loas* peu après la datte de cette lettre.

Quand aux autres pieces de *Lopes de Vega* & de *Calderon*, il y auroit certainement bien des choses qui mériteroient d'être critiquées. Elles m'ennuyent souvent par la longueur de leurs discours, par leurs déscriptions déplacées, par le mélange de lenrs idées burlesques & tragiques ; par leurs expressions peu naturelles; par leur phebus & leur enflure, accompagnés de pointes, de jeux de mots, & surtout par l'association fréquente qu'ils font de personnages réels avec des êtres fantastiques.

Cependant malgré ce grand nombre de ridiculités, d'incongruités & d'absurdités, je dois avouer qu'elles me font souvent plaisir: j'ai peine à les quitter que je ne les aie finis; j'admire ces deux Poëtes au point que je ne saurois m'empêcher de les placer au rang des premiers génies: la fertilité, & l'originalité de leur invention, leur habileté à former & à denouer leurs intrigues, la grande variété de leurs caracteres, leurs sentimens si bien exprimés, la force & l'élégance de leur stile, l'aisance de leur versification ; & plusieurs autres beautés, m'inspirent souvent un tel enthousiasme, que je passe rapidement sur leurs fautes, & oublie les froides leçons de la saine raison. Je pense très-sérieusement, que la race des écrivains dramatiques modernes de France & d'Angleterre, plus secs & plus froids qu'aucun des siecles précédens aient produits, au lieu de négliger ou de méprifer les compofitions théâtrales des Efpagnols, feroient mieux de les lire avec attention, furtout plufieurs de celles forties de la plume de *Vega* & de *Calderon*, non pour les imiter; mais pour échauffer & féconder leur imagination froide & ftérile.

Je ne dois pas manquer de vous inftruire, que le Diable, dans un très-grand nombre de pieces Efpagnoles, joue un des premiers rôles, & eft en général le premier Acteur de celles où on l'introduit, mais dans toutes celles où il fait la plus grande figure; je vois toujours quelque ange, quelque faint ou quelque homme pieux occupé à faire échouer fes deffeins, à renverfer fes projets, & le forcer malgré lui à favorifer la vertu & la religion. Permettez moi de vous donner l'extrait d'une piece de ce genre : elle contribuera peut-être plus à vous donner une jufte idée du goût, & du caractere de cette nation, que tout ce que je pourrois vous en dire.

Dans le *Diablo predicador*, le *Diable prédicateur*, l'action commence par un long

long discours du malin esprit monté sur un dragon. Il exhale sa rage contre les Franciscains, qui s'occupent continuellement à lui enlever nombre d'âmes qui sans leurs soins augmenteroient la population de ses régions enflammées. Il vient d'apprendre, que ces religieux prétendent s'établir à Luques; & Luques est une ville où il a long-tems regné tranquillement, grace aux vices innombrables de ses habitans; qui sont sur le point de se convertir à son grand dommage & à sa honte.

Pour empêcher ces moines de s'établir dans cette ville, le Diable ordonne à son valet *Asmodée* de redoubler d'attention, & de tâcher de les faire chasser avant qu'ils aient eu le temps de prendre racine; en gagnant le cœur des Luquois au point qu'ils ne puissent jamais avoir la moindre pitié des miseres que souffriront ces Saints intrus, qu'ils ne songent point à les aider d'aucune aumône, & à subvenir à leurs besoins.

Les efforts combinés du rusé Asmodée, & de son maitre impitoyable sont si puissans, que le Gouverneur de Luques devient l'implacable ennemi des Franciscains, & les habitans de cette ville loin de leur donner du pain, ne laissent passer aucune occasion sans leur jeter des pierres. La persécution devient si cruelle, que l'entreprise de ces peres est sur le point d'échouer par le manque des choses nécessaires à la vie : ce qui les met dans le cas de mourir de faim.

L'Enfant Jesus, ne peut supporter patiemment la double iniquité des hommes & des démons : en conséquence il descend du ciel en propre personne, suivi de l'archange *Michel*, & après un court dialogue, ordonne à celui ci d'aller & de commander au *Prince des Ténébres*, de prendre lui-même la figure d'un Franciscain, & d'endoctriner si efficacement les Luquois, qu'ils se repentent promptement de leurs trop longues erreurs, & rentrent dans la voie du salut dont ils s'étoient détournés.

Le Diable n'oseroit désobéir à l'ordre que l'archange lui intime. Il s'emporte & crie, jure, & blasphème, jette du feu par la bouche & par les narines; & est pourtant malgré son orgueil & sa méchanceté obligé de se soumettre. Il se fait Franciscain, est nommé supérieur de la petite Communauté ; & commence sa mission avec un zele & une ferveur qu'il ne peut contenir.

Outre la corruption des mœurs des Luquois, il s'apperçoit que celles de ses nouveaux Compagnons ont elles mêmes grand besoin de réforme: l'hypocrisie & l'incontinence, la gloutonnerie & la paresse, l'orgueil & l'avarice possèdent entièrement la majeure partie des membres de la petite Communauté ; & il se trouve chargé de les réformer ainsi que les habitans de la ville.

L'un des plus mauvais sujets du Couvent est frere *Antolin*, qui vient d'entamer une intrigue avec une dévote. Le pere Gardien (4) aux pieds de bouc, n'a perdu aucun de ses privileges infernaux, quoiqu'extérieurement métamorphosé. Il a conservé la faculté de connoitre les pensées les plus secretes des hommes, & cette faculté lui procure le moyen de découvrir tous les projets du méchant moine *Antolin* au moment où ils sont prêts à réussir. *Antolin* donne un rendés-vous à sa Maitresse ; le Diable vient à la traverse & trouble leur entrevue ; *Antolin* détourne à son profit partie des aumônes qu'il avoit reçues pour la Communauté : le Diable l'oblige à en rendre compte. *Antolin* se rend dans un lieu solitaire pour se régaler de viandes défendues un jour de jeûne, mais le Diable lui met la main sur le collet à l'instant où il va découper un jambon, & déboucher

(4) Pere Gardien, est le titre que l'on donne au supérieur d'un Couvent de Franciscains, ou de Capucins.

une bouteille, de vin; le force de vuider ses manches de toutes les friandises qu'il y avoit cachées, & le condamne à jeûner très-rigoureusement pour sa punition. *Antolin* est présenté de cette façon aux spectateurs comme un coquin rusé & vicieux : Je suis fort étonné que les moines Espagnols souffrent cela patiemment, ainsi que plusieurs autres pieces de Théâtre où ils sont cruellement tournés en ridicule. Cependant ils rient eux-mêmes en les voyant représenter, car il convient que vous sachiez, qu'en Espagne il est permis aux Moines de fréquenter les Spectacles, où il y a une place particuliere destinée aux gens d'Eglise.

Il y a quelques morceaux assez plaisans dans le *Diable prédicateur*, & plusieurs caracteres tout à fait opposés qui se font mutuellement valoir; principalement aux dépens des ordres Monastiques, particulierement de celui des Franciscains. Une nation accoutumée à une plus grande correction dans les ouvrages d'esprit, auroit peine à goûter des plaisanteries de cette espece; si indécemment mêlées avec les noms de *l'enfant Jesus* & de *l'Archange*, personnages peu convenables, & qui ne devroient point servir à l'amusement d'une multitude grossiere, on ne sauroit raisonna-

blement faire l'apologie de pareilles in-
décences. Les notions religieuses sont si
fort offusquées dans cette nation par son
penchant à la plaisanterie, qu'on m'a assuré que cette piece ne se représentoit jamais
que la salle ne fût pleine, & qu'elle ne
fût fort applaudie. Quant à moi, elle m'a
plusieurs fois révolté à la lecture je dois
pourtant avouer qu'en quelques endroits
elle m'a fait rire jusqu'aux larmes.

A *Lopes de Vega* & à *Calderon de la
Barca*, on peut encore ajouter *Augustin
Moreto*, qui tient la troisieme place parmi
les Auteurs dramatiques Espagnols. Je ne
connois que *trente six* de ses pieces en
trois Volumes in quarto imprimés à *Valence* en 1676. Je ne sais pas s'il en a
publié d'autres. L'on en joue encore quelques-unes & par celle que j'ai lues, je
m'apperçois que (semblable à ses prédéces-
seurs) il s'y rencontre de grandes beautés
mêlées à de grands défauts. La Comédie,
qu'il a intitulée, *le Cavalier*, est regardée
comme un des chefs-d'œuvre du théâtre
Espagnol, je l'ai lue avec plaisir.

Je ne connois aucun Drame Espagnol di-
visé en cinq Actes: La plus grande partie
sont bornés à trois, qui ne portent point
le nom d'actes, mais de *Journées*. Un

Poëte Espagnol est réputé ici grand observateur de *l'unité de tems*, s'il renferme son action dans l'espace de trois jours. Cette unité même est souvent négligée, ainsi que les deux autres, au sujet des quelles les François font un si grand fracas; comme s'il étoit impossible d'amuser & d'instruire son auditoire sans y adhérer strictement. Pour moi, je ne suis du tout point scrupuleux à cet égard. Lorsqu'un Auteur observe exactement les trois unités cela n'en est que mieux. Mais lorsque je vais à la Comédie, j'y vais dans la ferme résolution de m'abandonner au préstige de la scene: & pourvu que le Poëte fasse parler convenablement ses personnages, & conformément aux caracteres qu'il leur donne: je ne m'embarrasse guere qu'il s'écarte un peu de cette regle des *trois unités*. Que la fable soit ingénieuse, que la vraisemblance y soit observée, que les sentimens soient naturels, l'esprit & les plaisanteries neuves, que le stile en soit correct. L'Auteur ne doit pas craindre que je me range du parti de ses critiques, par amour pour aucune des regles recommandées par le *grand Corneille*.

Chaque Comédie est ordinairement intitulée par les Poëtes de ce pays *Comedia famosa* ou *la gran Comedia*, en tout autre pays, on blâmeroit les Auteurs qui oseroient donner de pareilles épithetes à leurs productions; mais ici cela paroit tout simple. Quand même la piece seroit sifiée à la premiere représentation, elle n'en demeureroit pas moins *Comédie fameuse*.

Les Espagnols ont plusieurs autres compositions dramatiques, outre leurs *Autos*, *Loas*, *Tragedies*, *Comedies*, & *Tragi-Comédies*. Ils ont leur *Sainété*, qui est une espece de Farce en un Acte, ou Journée: Elle admet la musique, & est quelquefois entierement chantée aussi bien que la *Zarzuela*, qui est une espece de *petite piece* en *deux Actes* ou *Journées*.

La derniere espece de leurs Drames sont les *Entremés*, & les *Mocigangas*, qui consistent ordinairement en une, deux ou trois scenes au plus, les interlocuteurs sont rarement plus nombreux que quatre, deux hommes & deux femmes. Je compte assez sur votre patience, pour hazarder de vous donner l'extrait d'un *Entremés* intitulé le *Clerc de paroisse*, qui m'a paru fort divertissant, malgré son incomparable absurdité.

Un paysan ouvre la scene avec sa femme, „ Quoi! dit-il, que fais-tu là imperrinen-
„ te? nous avons été mariés depuis trois mois,
„ & tu ne m'as point encore donné de

„ fils ! t'imagines-tu que je te laisserai ainsi
„ sans rien faire ? Par Saint Antoine ! je veux
„ que tu te conduise comme les voisines, ou
„ je t'étranglerai. Vois le barbier, notre plus
„ proche voisin, il a eu dans la premiere se-
„ maine de son mariage un aussi bel enfant
„ qu'il soit possible de voir; la fille du
„ juge a accouché d'un autre, même avant
„ le mariage, à peine y a-t-il une seule
„ femme dans tout le village qui n'ait été
„ mere aussitôt que mariée, & pourquoi
„ ne le serois-tu pas aussi bien qu'elles ?
„ Ecoute, drolesse, ma patience est à
„ bout. Je m'en vais au marché, d'où je
„ serai de retour à diné, si tu ne m'as pas
„ fait un garçon lorsque je rentrerai, je te
„ romprai certainement les côtes."

La pauvre femme tâche plusieurs fois de l'interrompre, pour lui faire comprendre que c'est une preuve de sa vertu qu'elle ait tardé si long-tems à lui donner ce qu'il desire; mais le manant est furieux, & n'écoute aucune raison. Il veut avoir sans retard un garçon ou il lui rompra les os. Il sort en maudissant l'impudence quelle a de vouloir se singulariser, & est resolu à la punir de sa paresse, si elle n'a pas un garçon à son retour du marché.

Le Clerc de paroisse entre avec la femme d'un de ses voisins.

„ De

„ De quoi s'agit-il, dit la Dame, qu'a
„ votre mari? pourquoi s'en va-t-il en co-
„ lere? Nous sommes accourus au bruit,
„ nous craignions qu'il ne vous batît, que
„ veut ce nigaud."
Elle leur fait part à l'un & à l'autre de
la sottise de son mari. „ Que dois-je fai-
„ re, voisins? Je vous prie donnez-moi
„ un conseil, & tirez-moi, si vous le pou-
„ vez, de ce mauvais pas. Il me battra
„ sûrement si je ne fais pas ce qu'il
„ exige.
„ Il est aisé, replique l'autre femme,
„ de satisfaire cet imbécile; nous n'avons
„ qu'à lui supposer un enfant."
„ Comment pourrons-nous arranger cet-
„ te affaire, ma bonne voisine?"
„ Nous n'avons qu'à emmaillotter le
„ Clerc de paroisse que voilà, & le cou-
„ cher dans le berceau; nous dirons-en-
„ suite à votre mari que c'est l'enfant
„ dont vous êtes accouchée conformément
„ à ses ordres.
„ Rien ne sauroit être mieux, dit la
„ femme. Mon mari est un si grand sot,
„ qu'il croira tout ce que nous lui dirons:
„ qu'en dites-vous, Monsieur le Clerc,
„ voulez-vous m'obliger?"
Le Clerc ne veut point consentir à être
emmailloté: „ Je vous prie, Monsieur le

„ Clerc, faites moi ce plaifir!" Non , cer-
„ tainement, je n'y confentirai pas " ―
„ pardonnez moi, confentez y, ou je ferai
„ cruellement battue. Je vous fupplie d'a-
„ voir pitié d'une pauvre femme!"

Après une breve altercation le Clerc
confent, après qu'on lui a fait entrevoir
que l'on a remarqué fes œillades, & qu'il
obtiendra ce qu'il defire s'il joue le per-
fonnage de l'enfant: Il n'a pas la force de
réfifter à cette efperance, il eft emmaillotté
jufqu'au menton par les deux femmes, &
placé dans le berceau.

*Le mari rentre, revenant du marché,
& met à terre une botte d'oignons
qu'il a achetée pour le diné.*

„ Eh bien, droleffe, qu'as-tu fait ? as-
tu.... ?

„ Je vous prie, mon mari, ne reveillez
„ pas le pauvre poupon. Vous avez un
„ fils, le voici, regardez, regardez !.

„ Le Ciel nous foit en aide ; voila un
„ enfant monftrueux ! Il ne fauroit tenir
„ dans ce berceau. Qu'eft-ce que cela
„ veut dire ?

„ Ecoutez-moi, mon mari, vous m'a-
„ vez parlé fi férieufement, & m'avez fi
„ fort épouvantée que la peur m'a fait
„ faire cet enfant contre la regle ordinai-

„ re. D'ailleurs vous m'avez dit si sou-
„ vent, que le Clerc étoit le plus bel
„ homme de la paroisse, que je me suis mis
„ dans la tête de vous donner un garçon
„ qui fût aussi beau que lui. Etes vous
„ satisfait? Pourquoi ne me remerciez-vous
„ pas? Dès qu'on le levera, il fera votre
„ besogne tout aussi bien que vous, peut-
„ être mieux. Que dites-vous, mon
„ ami?"

„ Je dis, que tu es une excellente fem-
„ me: réellement il ressemble on ne peut
„ pas mieux au Clerc. Je n'ai vu de ma
„ vie de ressemblance plus frappante : otons
„ lui ses maillots. Je suis persuadé qu'il
„ se tiendra sur ses jambes, & chantera
„ une chanson avec nous. Victoire! J'ai
„ un garçon aussi beau que le Clerc : Vic-
„ toire, Victoire!"

C'est ainsi que finit cet *Entremés*, en chantant & en dansant, ainsi que se terminent tous les pieces de ce genre. Je n'ai pu m'empêcher de vous donner l'extrait de cette composition singuliere pleine de bouffoneries populaires; je suis bien trompé si l'idée ne vous fait pas sourire. La *Mociganga* n'est qu'une espece *d'Entremés* plus chargé de musique & de danse que le simple *Entremés*.

Je dois ajouter en faveur de ces deux especes de compositions, qu'elles présentent souvent l'une & l'autre des peintures vives & naturelles des mœurs du petit peuple en Espagne, surtout de celles des habitans des villes de Province, des Villages, & des Campagnes.

Les Espagnols n'ont aucun ouvrage dramatique en prose: du moins je n'en ai jamais vu de ce genre (5). Les vers dont ils font principalement usage dans leurs Tragédies, & dans leurs Comédies, sont de huit syllabes, quelquefois rimés, & quelquefois non rimés: quand à leur versification, ils ne paroissent pas se restraindre à des regles bien séveres; souvent ils changent de mesure; & ont des scenes entieres dont les vers sont plus ou moins longs que ceux du reste de la piece.

Je ne saurois vous dire l'effet que cette diversité de mesures produit sur le Théâtre: La mort de la Reine, m'a privé du plaisir de voir la Comédie en Espagne. A la lecture ce mélange n'est point agréable à l'oreille; je m'imagine même,

_____

(5) La *Dorotéa* de *Lopes de Vega* est en prose; il est vrai qu'elle est si longue que je ne crois pas qu'il l'eût destinée au Théatre, où je ne sache pas qu'elle ait jamais paru.

que des vers de huit syllabes doivent rendre le dialogue trop lent, par l'obligation où l'on se trouve de faire de fréquentes pauses ; il faut pourtant convenir, que ceux qui travaillent pour la fçene font meilleurs juges que nous, & ont appris par l'usage & par l'expérience qu'elle est l'espece de mesure qui doit dominer dans leurs Drames. Les nationaux ne sauroient jamais se tromper à cet égard; & je suis bien persuadé que l'usage m'auroit bientôt reconcilié avec ce genre de Poësie, que je ne saurois encore goûter. La premiere fois que j'ai pris du caffé & du thé, je n'en ai pas été trop content. Il fut un tems ou je faisois peu de cas des vers Anglois de dix syllabes, & des vers Alexandrins des François; la coutume & le temps m'ont gueri de mon dégoût, & me les ont fait admirer.

Peu d'étrangers savent que cette nation, aussi bien que l'Italienne, a plusieurs bonnes traductions des livres classiques Grecs & Latins; & que la plus grande partie ont été faites par ordre de Philippe II. qui n'est connu par le général des Européens de de nos jours que comme un Monarque politique, & point du tout comme un Prince instruit, ou du moins qui aimoit les sciences au point de dépenser des sommes considérables pour se procurer ces ouvrages dans sa langue maternelle. On a réimprimé un si petit nombre de ces traductions, qu'elles sont devenues actuellement très-rares, & ceux des Grands d'Espagne qui en possèdent le receuil complet dans leurs Bibliotheques, sont très-glorieux de ce tréfor.

Vous ferez peut-être étonnés quand je vous dirai, qu'il est aussi très-difficile de receuillir tous les ouvrages de *Lopes de Vega*, quoique ce soit le Poëte dont les Espagnols fassent le plus de cas; & qu'une partie ait été souvent réimprimée. J'ai été informé de bonne part que l'Infant Don Louis, frere de Sa Majesté, a chargé plusieurs des Ministres du Roi, résidens dans les Cours étrangeres, d'acheter tout ce qu'ils pourroient trouver des premieres éditions des ouvrages de cet Auteur, jusqu'à présent il n'a pas encore été en état de les compléter, quoiqu'il y ait dix ans que son altesse ait commencé ses recherches: personne, à ce qu'on assure, ne les possede en entier à l'exception du Duc de Medina Sidonia, qui passe pour le Seigneur le plus instruit de la Cour.

J'écris tout ce que je sais rélativement à la Littérature Espagnole, à mesure que cela me vient dans l'idée: comme mes connoiſſances font très-ſuperficielles, il ſeroit inutile de vouloir vous en entretenir plus méthodiquement, je compte ſur votre indulgence & que vous excuſerez mon manque d'ordre. Je croyois avant mon arrivée à Madrid, qu'il m'auroit été facile de faire un receuil des livres Eſpagnols de Chevalerie, dont nous avons près de ſoixante & dix traduits en bon Italien, tous imprimés dans le courant du ſeizieme ſiecle. Mais je m'apperçois que pour parvenir à ſe procurer un pareil recueil il faudroit ſe donner tout autant de peine, que pour raſſembler tous les ouvrages de *Vega*, ou les traductions Eſpagnoles des Auteurs claſſiques. Les Eſpagnols acheptent ſur le champ tous les livres de Chevalerie qui ſe préſentent, celui qui en a le plus grand nombre s'eſtime fort heureux: On m'a dit que la Comteſſe d'Oropeza en avoit un recueil complet dans ſon château, ſitué dans le village de ce nom, dont j'ai fait mention dans une de mes précédentes lettres.

Quand aux pieces de Théâtre, ſurtout les Tragi-Comédies, les Eſpagnols en ont pluſieurs milliers, quelques-uns les font monter à ſept mille, ce qui me paroit incroyable; quoique très-perſuadé qu'ils en ont plus que nous, qui n'en pouvons compter que quatre mille. tant bonnes que mauvaises. L'on m'a encore assuré que de ces sept mille il y en a près de trois cents restées au Théâtre : c'est-à-dire qui se jouent journellement sur les deux Théâtres de cette Capitale; les Anglois, ni les François ne sauroient en compter un si grand nombre, à peine leurs auditeurs peuvent-ils soutenir la représentation d'une centaine de celles qui composent le fond national du Théâtre. Je dois pourtant convenir qu'autant qu'il m'appartient d'en juger, les spectateurs Anglois & François me paroissent plus délicats, & d'un goût plus rafiné que les Espagnols. Lorsqu'il se trouve dans une Comédie plusieurs scenes plaisantes qui les font rire, les Espagnols la trouvent bonne, & l'applaudissent, ils rient de plaisanteries qui révolteroient les Spectateurs de ces deux Nations.

Je ne saurois pourtant parler bien affirmativement sur ce sujet: l'idée que je me suis formée d'un Auditoire Espagnol, n'est uniquement fondée que sur les conjectures que j'ai faites d'après la lecture de leurs Drames les plus célebres, & les plus généralement applaudis. Un Poëte Espagnol doit nécessairement présenter quelque caractere burlesque, même dans la Tragédie la plus sanglante; s'il veut être applaudi, le mélange des sentimens & des passions des Rois & des Héros avec la boufonerie & les plaisanteries des personnages du plus bas étage est un assemblage qu'on ne goûteroit pas sur les Théâtres Anglois & François.

Vous connoissez le nom de *Quevedo*, dont les songes, ou visions sont traduits en Italien ainsi que dans toutes les langues de l'Europe. On ne connoit guere hors de l'Espagne que ces visions de tous les ouvrages de cet Auteur; je possede cependant cinq gros Volumes in quarto de lui; par lesquels je vois qu'il ne s'est pas borné à des productions de pur agrément, & de plaisanterie. Il a beaucoup écrit sur l'Histoire, la Politique, & la Théologie; les Espagnols le placent au rang de leurs meilleurs Poëtes. L'Historien de sa vie nous apprend, qu'il étoit d'une naissance distinguée, qu'il savoit le Latin, le Grec, l'Hébreu, & l'Arabe, & qu'outre cela il parloit plusieurs langues modernes. Son principal mérite consistoit pourtant dans la vivacité de son imagination, & dans son style enjoué, sa vie du *Grand Tacano* est une peinture de la populace la plus dépravée & la plus vile, qu'on n'a jamais pu égaler dans aucune autre langue. Tacano signifie, un *Taquin*, un *Fourbe rusé*.

Parmi les Auteurs modernes Espagnols, le plus célebre est un Benédictin nommé le *Pere Feyjoo*. J'ai vu une édition de ses Oeuvres en huit Volumes in quarto. Il vit & écrit encore, mais je n'ai pas assez lu de ses Volumes pour me hazarder à vous donner une idée de sa maniere d'écrire, & pour apprécier ses productions : par ce que j'en ai vu en courant, je ne saurois croire qu'on eût pour ses ouvrages de l'autre côté des pyrenées la même vénération qu'on leur témoigne dans ce pays. C'est pourtant une régle reçue chez moi, qu'un Auteur généralement estimé de ses compatriotes pendant plusieurs années, comme celui-ci l'a été, doit nécessairement avoir des talens, quelles nombreuses que puissent être ses fautes. Les Critiques de la nation l'ont attaqué sévérement, & je suis persuadé que ce n'a pas toujours été sans succès. Il est si aisé de réussir quelquefois lorsqu'on s'occupe à découvrir des erreurs & des endroits foibles, même dans les meilleurs livres! Cependant les talents de *Feyjoo* ont soutenu les efforts des critiques & des folliculaires Espagnols, dont les ingénieuses remarques ont été aussitôt oubliées que connues, ainsi qu'il arrive en Angleterre, ou les critiques minutieux sont aussi communs que les huitres & les moules.

Les Espagnols placent immédiatement après *Feyjoo*, le pere *Sarmiento*, le pere *Flores*, & le pere *Burial*, le premier est Bénédictin comme *Feyjoo*, le second Augustin, & le dernier Jésuite. On croiroit presque que toute l'érudition d'Espagne, ainsi que celle d'Europe dans les siecles de la barbarie, & l'ignorance, seroit confinée dans les Cloitres. Je n'ai point encore eu l'occasion de rien lire de ce que ces trois Auteurs ont publié, n'y d'aucun autre Espagnol vivant, à l'exception de *l'Histoire du fameux prédicateur fray Gerundio*, composée par *De l'Isla*, autre Jésuite, je vais vous en donner une idée superficielle.

Cet ouvrage, dont il n'y a que le premier Volume de publié est un in-quarto d'environ quatre-cents pages y compris l'Introduction, ou discours préparatoire. Il n'y a que deux ans qu'il a été imprimé dans cette ville.

Le principal but de ce livre est de réformer la chaire en Espagne, en tournant en ridicule les mauvais prédicateurs, qui paroissent y être très-nombreux.

Pour réussir dans un projet si loüable, le Pere *De l'Isla*, (qui n'a point mis son nom à cet ouvrage) nous fait le récit, & nous peint le caractere de *Gerundio*, homme de baſſe extraction, & auquel on a donné une éducation très-bizare.

Les parents de *Gerundio* ſont fortement entichés de tous les préjugés ſi ordinaires aux payſans Eſpagnols : parmi leurs différens ridicules, leur entêtement ſtupide pour tout ce qui porte l'habit de moine n'eſt pas un des moins conſidérables, de ſorte qu'ils dépenſent la majeure partie de leurs revenus à excercer l'hoſpitalité envers eux & que ceux de tous les différens ordres, ſont toujours ſûrs d'un repas & d'un lit, toutes les fois qu'ils paſſent à *Campazas*, village péu connu où ces bonnes gens font leur réſidence.

Par ce moyen *Gerundio* avant l'adoleſcence fait connoiſſance avec beaucoup de moines, qui lui inſpirent un grand nombre d'idées extravagantes & ridicules, qu'il dépoſe fidélement, & dont il forme un tréſor dans ſa mémoire qui n'eſt malheureuſement que trop tenace.

Le pauvre *Gerundio* encore enfant, eſt envoyé chez un Maitre d'Ecole de Campagne pour y apprendre les premiers principes des ſciences, ce magiſter n'eſt pas moins ignorant que préſomptueux : pour donner un exemple du caractere de cet homme il ſuffira de ſavoir qu'ayant parcouru pluſieurs traités d'Orthographe, contre leſquels il a plufieurs objections; il fe forme un fyftême dans lequel, parmi les principales regles qu'il établit, il préfcrit à fes éleves de la maniere la plus précife, *que les noms des petites chofes doivent être écrits par une petite lettre au commencement du mot & les noms des grandes par une lettre majufcule.* Ainfi, par exemple, le mot *Souris* doit être écrit par une petite lettre, & celui de *Montagne* par une grande. Malheur aux écoliers à qui il arrive de manquer à fe conformer à cette regle, ou à aucune des autres de fon invention! Il ne peuvent éviter le fouet; *Gerundio* n'eft cependant jamais fouetté; par ce que plus les préceptes font abfurdes, mieux il les retient.

Rien de plus brillant, que les couleurs avec lesquels le pere *Del l'Ifla* peint fucceffivement les différens caracteres des maitres du pauvre *Gerundio*; & des différens originaux qui lui infpirent tour à tour des idées ridicules & extravagantes.

En paffant d'un College, & d'un profeffeur à un autre, Gerundio parvient au pinacle de la démence dans l'art de penfer. D'une orthographe & d'une prononciation vicieufe il arrive aux pointes & aux jeux de mots, delà il s'éleve jufqu'aux anagrames, & aux acroftiches, & parvient enfin aux niaiseries sublimes, comme les vers Léonins, & autres sottises du même acabit. A peine a-t-il atteint sa seizieme année qu'il s'entête si fort de ces mauvais principes qu'il n'y a plus aucun espoir de de l'en désabuser. Son entendement est si fort offusqué & bouché lorsqu'il se fait moine, que les arguments les plus convaincants contre les idées qu'il s'est formées de la véritable éloquence, employés de la maniere la plus simple par deux ou trois de ses supérieurs, personnages éclairés, & raisonnables sont non-seulement inutiles mais ne servent qu'à augmenter son mauvais goût; & qu'il continue à parcourir la carriere qu'il s'est tracée avec la plus grande tranquillité, méprisant chaque jour davantage tout ce qui est naturel, & facile à concevoir. Tourmentant continuellement sa cervelle pour en tirer des idées bizares, peu naturelles, & singulieres.

Tels sont les principaux traits de *Fray Gerundio* prédicateur du premier rang, *Del Isla* n'a pas manqué de nous donner des morceaux de ses premiers sermons, dans l'intention, ainsi que je l'ai déjà dit, de réformer la Chaire en Espagne, & de faire honte aux mauvais prédicateurs. Il a fait paroître son ouvrage dans cette ville: il se trouve décoré d'un grand nombre d'ap-

probations qui lui ont été données par les
favans, & les perfonnages les plus diftin-
gués dans la République des lettres Efpagnoles, auxquels il l'avoit communiqué
avant que de le donner à l'Imprimeur. Les
Inquifiteurs eux-mêmes l'ont encouragé à le
publier (6) & ont rendu témoignage par
écrit de l'utilité de cet ouvrage, qu'ils
croyoient pouvoir contribuer à amener une
réformation auffi néceffaire que défirable.
*L'Hiftoire du fameux Prédicateur Fray
Gerundio*, (dit le Pere *Alonfo Cano*, l'un
des Cenfeurs de l'Inquifition) eft un de
ces heureux expédiens que l'indignation, où
la néceffité fuggerent lorfque tous les
„ moyens qu'on a tentés ont été infruc-
„ tueux, il ajoute un peu après, nous ne
„ ne devons pas non plus trouver mauvais
„ que la dofe de cauftique, & de fels
„ corrofifs foit un peu forte, l'on ne

(6) M. Clark prétend, que ce pere (auquel il donne le
titre de Docteur) a été perfécuté *par les Inquifiteurs* qui lui
ont impofé filence à caufe de *Fray Gerundio* : le fait
eft pourtant tel que je l'expofe, l'Inquifition loin de con-
damner l'ouvrage, l'a approuvé: fon approbation fe trouve
imprimée e tête du livre. M. Clark, eft toujours piqué
contre l'Inquifition: Il ne perd aucune occafion de la dé-
crier! Je ne blâme point fon zéle, furtout lorfqu'il a la
vérité pour bafe.

„ guérit pas la gangrenne avec de l'eau
„ rose."

Malgré l'approbation de l'Inquifition, &
de quelques uns des membres les plus favans
du Clergé Efpagnol, quelques ordres Réligieux, furtout celui de St. Dominique,
& tous les mendians fe font élevés contre
cet ouvrage auffitôt qu'il a paru. Ils ont
repréfenté au Roi (il me paroit que ce n'a
pas été fans fondement) que cette cruelle
critique ne manqueroit pas de porter atteinte au refpect dû aux Miniftres de l'Evangile, & jeteroit un ridicule fur tous les
ordres réligieux aux yeux du vulgaire, ce
qui produiroit un relâchement total &
peut-être même la ruine de la Réligion du
Royaume.

Pareils allégués, foutenus avec la plus
grande vivacité par les moines, & appuyés
du crédit de plufieurs prélats, ont obligé
le Confeil de Caftille à examiner cet ouvrage avec l'attention la plus fcrupuleufe, cet
examen a été fuivi de fa fuppreffion plutôt
pour le bien de la paix que pour aucune
autre raifon.

En conféquence il eft très difficile actuellement de s'en procurer un exemplaire;
plufieurs ayant été lacérés conformément
aux ordres du Confeil. J'ai pourtant eu le
bon-

bonheur de m'en procurer un, je l'ai lu avec beaucoup de plaisir. Quand au langage & au stile, peu de nations, à mon avis, ont un ouvrage comparable à *Fray Gerundio*, le siecle présent n'a rien produit d'aussi plaisant. Je suis réellement du sentiment des Espagnols qui le placent à côté du célébre ouvrage de *Cervantes* qu'il égale à plusieurs égards. Ce *Gerundio* peut produire le même effet sur les Receuils de Sermons que *Don Quichotte* a produit sur les livres de Chevalerie. Le pere *De l'Isla* a son second Volume tout prêt; mais la défense qu'à essuyé le premier, en a empêché la publication, il court en Manuscript, & l'on dit qu'il est comparable au premier.

Ce moderne *Cervantes* est pourtant inférieur en ceci à l'ancien; il a rempli nombre de ses Chapitres de trop de déclamations contre un livre Portugais, qui ne méritoit pas une longue réfutation, & de plusieurs réflexions critiques épisodiques sur la littérature étrangere, il parle d'une maniere trop présompteuse, & trop décisive de choses dont il n'est que peu instruit. Par là il découvre non-seulement son peu de connoissance de l'état présent des sciences chez les autres nations; & se rend ridicule par un étalage d'érudition déplacée; mais encore il interrompt mal à propos le fil de son Hiſtoire, qu'il auroit du continuer ſans le perdre jamais de vue, quelques juſtes qu'euſſent été ſes réflexions. Il me paroit que ce défaut a été aſſez généralement celui de tous les Auteurs Eſpagnols tant anciens que modernes. Ils ne peuvent s'empêcher d'étaler, & de mêler dans tous leurs ouvrages une certaine érudition pédanteſque, ſouvent très-étrangere à leur ſujet.

Je ne dirai plus qu'un mot de ce livre du pere *De l'Iſla*; c'eſt que les mœurs des moines & de la populace Eſpagnole y ſont parfaitement rendues.

Je vais à préſent vous rendre compte d'un ouvrage d'une tout autre eſpece que le précédent.

Vous ſavez qu'il y a à l'Eſcurial une Bibliotheque très-conſidérable, dans laquelle, parmi des milliers de manuſcripts précieux en différentes langues, il y en a une grande quantité d'Arabes, dont il y a long-tems que les gens de lettres voudroient avoir quelque connoiſſance.

On a tenté pluſieurs fois en différens tems de les ſatisfaire; mais toujours vainement, juſqu'à ce qu'enfin le Roi *Ferdinand* prédéceſſeur du Monarque actuellement regnant a jugé à propos de charger le Docteur *Michel Cafiri* (7) d'entreprendre ce travail.

Ce *Cafiri* Syro-Maronite de naiſſance, qui a été long-temps Bibliothéquaire de l'Eſcurial, a enfin après pluſieurs années publié le premier Volume de ſon ouvrage (qui ſera ſuivi de pluſieurs autres) intitulé *Bibliotheca Arabico-Hiſpana Eſcurialenſis, ſive librorum omnium MSS. quos Arabicè ab auctoribus magnam partem Arabo-Hiſpanis compoſitos Bibliotheca cœnobii Eſcurialenſis complectitur. Recenſio & explanatio opera & ſtudio Michaelis Cafiri, Syro-Maronitæ, Presbyteris, S. Theologiæ Doctoris &c. Tomus Prior.*

Ce Livre qui ne fait que ſortir de deſſous la preſſe dans cette ville, eſt un in-folio d'environ 550 pages, imprimé avec les meilleurs caracteres ſur d'excellent papier: les manuſcripts dont il y eſt fait mention ſont au nombre de 1628 (8) rangés en douze Claſſes ſavoir: Celle des

(7) M. Clark le nomme *Syri.*

(8) Ils ſont au nombre de 1630. quoiqu'il n'en compte que 1628. un pur hazard m'a fait remarquer, que la Claſſe des Poëtes commence par erreur au nombre 268. qui devroit être 270. la Claſſe précédente des Rhétoriciens finiſſant par le No. 269. marqué par une autre erreur 259.

Grammatici.
Rhetorici.
Poëtici.
Philologici & Miscellanei.
Lexicographi.
Philosophi.
Ethici & Politici.
Medici.
Ad Historiam Naturalem Pertinentes.
Theologici.
Dogmatici, Scholastici, Morales, & Christiani.

Les remarques, & les observations de *Casiri* dans cet ouvrage sont nombreuses & très-curieuses, il n'auroit jamais été capable de les rassembler s'il n'avoit possédé parfaitement les langues orientales, & été doué d'ailleurs de la plus profonde érudition. Mais j'écris une lettre, & point un Volume; ainsi je passerai sous silence plusieurs de ses remarques, & me contenterai d'en extraire un petit nombre.

Dans le Classe intitulée *Medici* se trouvent plusieurs traductions Arabes du Grec d'*Hippocrate*, de *Galien*, & de *Dioscorides*, ainsi que différens Commentaires des Interpretes Arabes, outre nombre d'ouvrages originaux de plusieurs médecins de cette nation parmi lesquels est *Rasis*, originaire de Perse, *Avicenne* fils d'un Persan; mais né à *Bokhara* en Arabie ; *Baitar*, né à Malaga en Espagne, & *Maimonides*, juif d'extraction, né a *Cordouë*.

Sous cette Classe, le Docteur *Casiri*, nous donne (dans son Latin traduit de l'Arabe) les vies des sept Personnages susnommés, & en outre celle de *Platon* & *d'Aristote*, dont une partie des ouvrages ainsi qu'il paroit par sa Bibliotheque avoient été traduits par différens Auteurs, ainsi que ceux *d'Hipocrate*, de *Galien*, & de *Dioscorides*.

Dans la Classe intitulée ad *Historiam Naturalem Pertinentes*, dans le détail du livre sous le nombre C M I. on trouve un Catalogue des Auteurs Arabes qui ont écrit sur l'Agriculture.

La Classe intitulée *Theologici*, est composée principalement de Manuscripts de l'Alcoran, & de ses différens Commentaires.

Onze Volumes seuls forment la Classe intitulée *Christiani*. Le second est une réfutation de l'Alcoran, écrite en Arabe & un Latin par un moine Romain, & le dernier une Grammaire en trois langues, c'est-à-dire en Arabe, en Persan & en Turc, avec la traduction Latine à côté.

Mais la Classe qui a le plus attiré mon attention est celle intitulée *Poëtici*. Les Manuscripts de cette division montent à *deux cents vingt-un*, dont trente-un in folio, *cinq cents* in quarto, les *quatre-vingt-cinq* restants sont octavo. Il ne faut cependant pas vous imaginer que cette Classe ne contienne que des Poëtes. *Casiri* y a compris non-seulement ceux qui ont composé des vers, mais encore ceux qui ont écrit sur la Poësie ; surtout les critiques & les commentateurs. Je suis en cet instant très-irrité contre ma destinée, qui ne m'a pas permis de m'appliquer à l'étude de la langue Arabe, & de pouvoir par ce moyen lire à l'Escurial ces deux cents vingt-un Volumes, ou du moins entendre les morceaux que le docteur en a cités dans son ouvrage. Comme les Romains membres de l'Académie des Arcades seroient étonnés de m'entendre disserter à mon retour, sur les beautés des sublimes Poëtes *Zohair*, *Abulol*, *Mahlab*, *Abdelmaged*, ou sur les immortels Commentateurs *Atsaied*, *Khalil*, *Abdalla*, *Fadlalla* & cent autres !

Le Docteur *Casiri* a traduit en prose Latine plusieurs morceaux de Poësie Arabe ; mais il reconnoit que dans sa version littérale ces vers en certains endroits pourront paroitre bien peu de chofe, il ajoute en maniere d'apologie que:

„ Ces vers rélativement à la penfée,
„ font très-fubtils ; & l'expreffion en eſt
„ ingénieufe. Mais il en eſt de la Poëfie
„ Arabe comme de celle des autres lan-
„ gues, elle perd, par la traduction, de fon
„ harmonie & de fa grace naturelle : l'on
„ ne doit point en être furpris, attendu
„ que chaque langue a fa fyntaxe, & une
„ façon particuliere de s'exprimer tout à
„ fait différentes de celles des autres."

A cette remarque, qui ne fauroit être conteftée par aucun de ceux qui favent feulement deux langues à fond, *Cafiri* ajoute une digreffion de fa façon qu'il intitule: *Arabicæ Poefeos Specimen & Pretium.*

On nous dit dans cette digreffion, que les Arabes cultivoient la Poëfie avec le plus grand zele, que les gens du premier rang parmi eux, faifoient de grandes libéralités à leurs Poëtes célebres : que dans certains jours fixés ceux de Fez avoient coutume de s'affembler de très-bon matin à l'hôtel du Gouvernement pour y réciter des vers à la louange de Mahomet devant une grande affluence de peuple ; & que celui dont les vers étoient le plus applaudis, recevoit cent ducats d'or, une robe riche, un beau cheval, & une jolie fille. Les autres Poëtes n'avoient chacun que cinquante ducats: que dans des tems plus reculés, les talens Poëtiques bien décidés donnoient le droit d'aspirer à la noblesse : que lorsqu'un Poëte qui avoit quelque célébrité, arrivoit dans une ville, les femmes des différentes Tribus, s'empressoient d'aller à sa rencontre avec des tambourins, & d'autres instruments de musique dans leurs mains, ainsi quelles en usoient lorsqu'elles assistoient à des noçes : qu'elles lui préparoient un superbe diné, & le montroient à leurs enfans comme un modéle qu'ils devoient tâcher d'imiter. Le Poëte *Alaeldin* (ajoute Casiri) reçut en une seule fois cinq mille Ducats d'or (numeri aurei) de *Malek Aldhaer Bibar*, Roi d'Egypte, pour deux distiques seulement, lesquels (cette remarque est de moi) ne procureroient pas cinq sols de nos jours à leur Auteur. Je vais vous les transcrire pour vous mettre à même de les apprécier.

Mærore ne afficiaris. Quod Deus decrevit, illud erit; quodque inevitabili decreto statutum est, fiet.

At inter motum & quietem ex momento res componitur, & negotium hoc facile reddetur.

Je m'imagine que dans l'original Arabe ces deux distiques peuvent être très-beaux; mal-

malgré leur excellence les Souverains de nos jours connoiffent trop bien la valeur de cinq mille Ducats pour les donner pour deux diftiques, quelques merveilleux qu'ils puiffent être.

Permettez moi, à préfent, de vous traduire quelques paragraphes de la digreffion de *Cafiri* fur la Poëfie Arabe, qui contiennent quelques particularités qui m'ont parues très-curieufes.

„ Les Arabes ne repréfentent point com-
„ me font les Européens de Tragédies ni
„ de Comédies : aucun de leurs Auteurs
„ ne nous apprend qu'il exifte chez eux
„ des ouvrages de cette efpece : nous avons
„ pourtant dans nos Bibliotheques une ou
„ deux Comédies Arabes, dont je parle-
„ rai ailleurs. Il ne fe trouve dans leurs
„ Poëfies aucun mélange de la Mytholo-
„ gie Grecque, car ils ont la plus forte
„ haine pour les noms ainfi que pour le
„ culte des Divinités payennes. Ils ont
„ cependant des fables de leur invention,
„ ajuftées à leur génie & à leur religion.
„ Ils exaltent les vertus des héros, &
„ célebrent leurs actions fous les noms de
„ perfonnages feints. Ils déclament contre
„ les vices, & s'élevent contre la dépravation
„ des mœurs ; ils ont eu dans ce dernier

„ genre de Poëſie quelques écrivains qui
„ y ont excellé.

„ La Poëſie Arabe, ainſi que celle des
„ autres langues, a certaines regles auxquel-
„ les elle eſt aſtreinte : elle en a qui lui
„ ſont tout à fait particulieres, comme nous
„ allons le démontrer. L'on trouve chez
„ ce peuple preſque toutes les eſpeces de
„ Poëſie qui nous ont été tranſmiſes par
„ les Grecs & les Latins; ſpécialement,
„ l'Idyle, l'Elégie, l'Epigrame, les Odes,
„ les Satires &c. lesquelles priſes collective-
„ ment paſſent ſous le titre général de *Di-*
„ *van*, c'eſt-à-dire *d'Académique*, titre que
„ leurs Poëtes mettent ordinairement à la
„ tête de leurs ouvrages.

„ Les Arabes diſtinguent leur Poëſie
„ (c'eſt-à-dire la partie rimée) par le mot
„ de *Scheer*, qui ſignifie *poil*, (ou *cheve-*
„ *lure*) & comparent leur ſtructure à celle
„ d'une tente faite *de poils de chevre* (ou de
„ peaux) & liée avec des cordes à des pi-
„ quets : c'eſt pour cette raiſon, qu'un
„ vers eſt nommé *Bait* (maiſon) comme
„ étant un bâtiment compoſé de rimes par-
„ faites, ou un édifice complet.

„ Le vers Arabe eſt compoſé de ſylla-
„ bes longues & breves, dont on forme
„ quatre pieds, le premier desquels eſt

,, nommé *corde légere*, il confifte en deux
,, fyllabes, l'une longue & l'autre breve,
,, ou comme s'expriment les Arabes une
,, confonne *mouvante* & une *confonne fta-*
,, *ble*, le fecond pied s'appelle la corde
,, *pefante* (ou *grave*) elle confifte en con-
,, fonnes *mouvantes* (c'eft à dire à laquelle
,, eft annexée une voyelle qui n'eft point
,, *ftable* ou *répofée* mais prononcée) le troi-
,, fieme pied fe nomme *le piquet conjoinct*
,, (il procede doucement, & fans inter-
,, ruption) fes deux premieres confonnes
,, font *mouvantes* & fes dernieres *ftables*
,, ou *repofées*. Le quatrieme pied fe nom-
,, nomme le *piquet déjoint*, dans celui-ci
,, une lettre *ftable* fe trouve entre deux au-
,, tres, chacune defquelles eft *mûe* (c'eft-
,, à-dire prononcée avec une voyelle).

,, Les différentes parties de leurs vers
,, font compofées de ces pieds, les cordes
,, & les piquets fe fuivant alternativement :
,, c'eft de leurs différentes combinaifons
,, que leurs Poëmes prennent leurs diver-
,, fes dénominations. Les Arabes dénotent
,, la quantité ou la mefure par les termes
,, techniques fuivans. *Moftafelon* fignifie
,, une fuite de trois pieds, favoir une *cor-*
,, *de légere*, un *piquet déjoint*, & une fe-
,, conde *corde légere*. *Faelaton*, par le-
,, quel ils entendent pareillement trois

,, pieds, premierement une *corde légere*,
,, fecondement un *piquet conjoint* & der-
,, nierement une *corde légere*. *Faulon* fi-
,, gnifie la combinaifon de deux pieds feu-
,, lement, dont le premier eft un *piquet*
,, *conjoint* l'autre une *corde légere*. *Mo-*
,, *tafailon* dénote trois pieds, une *corde*
,, *grave*, une *légere* & un *piquet conjoint*.
,, *Motafailaton*, fignifie trois pieds de fui-
,, te, favoir un *piquet conjoint*, une *corde*
,, *grave* & une *corde légere*.

,, Par conféquent la mefure, & la quan-
,, tité du vers Arabe, ne confifte que dans
,, le nombre déterminé, & alternatif des
,, confonnes *mouvantes* & *ftables*, c'eft-à-
,, dire en ces deux chofes l'harmonie & la
,, rime. La premiere n'exige que le nom-
,, bre de pieds, la feconde outre le nom-
,, bre régulier de pieds veut encore que
,, chaque vers foit terminé par des fylla-
,, bes du même fon, (c'eft-à-dire rimées.)
,, Elles fe fuccedent quelquefois de trois
,, en trois dans les épigrames, les odes
,, &c. & quelquefois elles fe fuivent im-
,, médiatement: ce qui n'arrive que dans
,, les Poëfies qui ont plus de fept vers.

,, Chaque vers a deux hémiftiches, qui
,, joints enfemble forment un vers com-
,, plet, chacun de deux hémiftiches qu'on
,, nomme *porte*: joints enfemble: ils s'ap-

„ pellent *bivalve* ou *double porte*, par une
„ métaphore prife d'une porte cochere, qui
„ eſt fermée de deux côtés par une porte
„ pliante.

„ La premiere partie de l'hémiſtiche ſe
„ nommé *accés*, (9) ou approche; la der-
„ niere la *propoſition*; la ſyllabe finale du
„ dernier hémiſtiche qui fournit la rime
„ ſe nomme la *pulſation*, (ou celle qui
„ frappe.)

„ De l'ordre varié, & de la différente
„ poſition des cordes & des piquets naiſ-

(9) Comme les Arabes habitoient ſous des tentes, nous n'avons point lieu d'être ſurpris qu'ils tiraſſent leurs métaphores d'objets qui étoient continuellement ſous leurs yeux : & qu'ils les appliquaſſent à ce que Milton appelle la *conſtruction des vers*. Le mot que *Caſiri* a rendu par celui d'*acceſſus* eſt traduit par *Golius* dans ſon Dictionnaire Arabe ; *anterior pars pectoris, ſive thorax*. Il peut par conſéquent très-bien ſignifier la *partie anterieure*; ou le *porche d'une Tente*. Le mot ſuivant *propoſition* eſt plus obſcur. L'original dérive d'un mot qui ſignifie *offrir* ou *préſenter* quelque choſe; il eſt rendu par *Golius* par *palus tentorii*. Comme ce *palus tentorii* étoit le veſtibule ou le ſeuil de la porte de la Tente, qui ſe préſentoit d'abord, à la vûe avant qu'on parvînt à la partie intérieure, je conçois qu'il en a pris ſon nom, & qu'il eſt devenu par la ſuite un terme Technique en Poëſie : mais il ne me paroit nullement que le mot *propoſitio* faſſe naître une pareille idée.

,, sent quinze especes de vers, compris
,, dans cinq *periodes* ou *cercles*.

,, Le premier cercle, qui est qualifié
,, de *différent*, (ou de *diversifié*) com-
,, prend trois sortes de vers, le *long*, *l'éten-*
,, *du*, & le *développé*, qui est formé de
,, dix longues syllabes & de quatre brè-
,, ves, ou de quatorze *mouvantes* & de dix
,, *stables* ou *reposantes*: ici l'on doit ob-
,, server que ces trois especes ne sont point
,, distinguées l'une de l'autre, par le plus
,, ou par le moins de syllabes; mais uni-
,, quement par leurs lettres *mouvantes* ou
,, *stables*, en conséquence desquelles elles
,, sont rangées dans leurs différentes Clas-
,, ses.

,, Le second cercle est appellé *Composé*
,, sous cette dénomination sont compris
,, deux especes de vers, le *parfait*, & le
,, *copieux*: ils ont chacun quinze lettres, qui
,, sont neuf *mues* & six *stables* ou *reposées*:
,, placés en différentes manieres: la mesu-
,, re de la premiere espece est le *Monta-*
,, *faalon* repété six fois; la mesure de l'au-
,, tre est le *Mosaalaton* qui est pareillement
,, repété six fois successivement."

Le troisieme cercle se nomme le *sembla-*
ble, auquel appartient trois genres de Poësie, *l'Ode* ou la *Chanson*, la *Satyre*, &
l'Idylle, (ou l'espece de Poësie la plus

courte) chacun desquels contient douze consonnes qui sont *mues*, & huit qui sont *stable*, ou reposées.

„ Le quatrieme Cercle se nomme *l'abré-*
„ *gé* : sous cette dénomination sont com-
„ pris six sortes de vers ; le *vif*, *l'éjacula-*
„ *toire*, (ou *impétueux*) le *léger*, le *si-*
„ *milaire*, le *concis*, & le *transporté* (ou
„ *précipité*) (10) chacun desquels con-
„ siste en douze lettres *mues*, & en neuf
„ *reposées*.

„ Le cinquieme Cercle se nomme le
„ *Concordant :* & ne renferme qu'une seu-
„ le espece de vers, qui s'appelle le *Con-*
„ *joint :* il est composé de douze conson-
„ nes *mouvantes* & de sept *reposantes*.

„ A ces quinze différentes sortes de vers

---

(10) Ces six mots donnent à peu près la même idée : dans l'original ce sont des mots qui signifient, le *vif*, l'*impétueux*, ou le mouvement précipité d'un animal, comme un cheval sautant, ou un cerf bondissant dans sa course. Je crois qu'il vaudroit mieux traduire le mot *emissum* par *impétueux*, que par *éjaculatoire*, & que *précipité* est préférable à *transporté*. Ils sont rélatifs à la mesure & point du tout au sujet de la composition.

NB. L'Auteur Anglois de ces lettres est redevable de cette notte & de la précédente ainsi que de la plus grande partie de la traduction de ce long passage, au savant M. Wheeler, Professeur en Poësie à Oxfort.

„ dont on vient de faire l'énumération,
„ d'autres en ajoutent une feizieme, qu'ils
„ nomment, la *d'habait rimée*, dans la-
„ quelle chaque hémiftiche finit par une
„ rime. Cette derniere forte eft un grand
„ fujet de difpute entre les Poëtes Arabes,
„ & eft celle dont les Perfans font un très-
„ grand cas.

„ La Poëfie Arabe n'eft pas affez fcru-
„ puleufement aftreinte à ces préceptes
„ pour qu'elle ne s'en écarte jamais: fes
„ Poëtes prennent affez fréquemment la
„ licence d'ajouter ou de retrancher une
„ ou deux fyllabes, furtout lorfqu'une fen-
„ tence grave ou pleine de fel, une
„ exclamation fententieufe, ou une idée
„ faillante & ingénieufe femble l'exiger, on
„ trouve fouvent de pareilles licences chez
„ les Poëtes Grecs & Latins du premier
„ rang.

„ L'addition d'une ou de plufieurs fyl-
„ labes dans un vers eft nommée chez les
„ Arabes, *Sarphil* qui correfpond au mot
„ Grec *Profthéfis* : en ce cas le vers ayant
„ un pied de plus, change le mot *Motá-*
„ *faalen* en celui de *Motafaalaton ;* l'abré-
„ viation, ou le retranchement des fyllabes
„ à la fin eft nommée par les Arabes *Athram*,
„ par les Grecs *Aphærefis*."

Je crois qu'en voilà affez fur la Poëfie Arabe ; & que cela doit fuffire pour mon but. Ceux qui défireroient des inftructions plus étendues fur cet objet, peuvent confulter (parmi ceux qui en ont traité en Latin) le pere *Philippe Guadagnoli*, dans fon ouvrage publié à Rome en Latin & en Arabe dans l'année 1642. intitulé: *Inftitutions, ou principes de la langue Arabe.* Guadagnoli a donné Latin le fyftême complet de la Poëfie Arabe, que *Dhialdin* furnommé *Alkhazragæus*, Efpagnol de naiffance, le premier des Poëtes, nous a laiffé en vers très-élégants; ce traité fe trouve encore terminé par plufieurs morceaux de Poëfies Arabes.

J'efpere que ce long extrait de l'ouvrage de Cafiri, ne vous déplaira pas ; & qu'il vous donnera une idée de la profodie Arabe, plus complete que celle que vous pouriez tirer des livres imprimés que j'ai vus fur cette matiere; mais n'eft-il pas furprenant qu'une nation qui a un penchant auffi marqué pour la Poëfie, que celui que cette nation paroit avoir, eue de tout tems, n'ait jamais penfé à avoir des pieces de Théâtre, & n'ait écrit ni Tragédies ni Comédies ? Quelle différence n'y a-t-il pas de nations à nations ?

Les Manuscripts de l'Escurial prouvent incontestablement que les Arabes aimoient beaucoup la Poësie, dans celui numeroté CCCLIV. se trouvent deux Catalogues d'écrivains Poëtiques, dont il ne reste guere que les noms. La premiere liste contient trente de ces noms, la seconde *cent deux* & dans le nombre suivant est un autre Catalogue de *cinquante neuf* autres.

Le Manuscript marqué CCCCLVI. contient un receuil d'Epigrames de *præpostera libidine*, intitulé *puerorum descriptiones*. Le compilateur étoit un certain *Badereldin*, dont *Casiri* parle en ces termes. „ C'étoit „ un homme très-dépravé, qui a receueilli „ trop fidélement (ces Epigrames) & a „ formé ce livre des ouvrages de vingt „ Poëtes, qui ont écrit sur ce sujet. Si „ vous ne faites point attention aux ob- „ scénités, vous conviendrez que ces Epi- „ grames sont très-élégantes."

Mais il paroit que *Badereldin* & les vingt Poëtes desquels il a tiré les Epigrames n'étoient pas les seuls écrivains vicieux de la nation. *Casiri* sous le nombre CCLXXI. dit en parlant *d'Abulol* natif de Syrie qui mourut aveugle en 1057. „ Il „ paroit que ce Poëte ingénieux & spirituel „ étoit peu religieux; il se moque souvent „ & très impudemment de la religion Chré-

„ tienne, ainsi que des sectes Judaïques,
„ & Mahométanes."

Les Poëtes Arabes dont les ouvrages sont conservés à l'Escurial, ne sont pas tous originaires d'Espagne; du moins le titre du livre de Casiri nout le dit : un certain nombre d'entr'eux étoient Asiatiques & Africains, quelques uns même étoient nés avant Mahomet. Lorsque Philippe second conçut le dessein de rassembler dans cette Bibliotheque tous les ouvrages Arabes qu'il pourroit se procurer, plusieurs personnes qui possédoient des Manuscripts dans cette langue ne manquerent pas de lui faire leur cour en les envoyant à cette Bibliotheque. De cette maniere on en ramassa un grand nombre, & comme les successeurs de ce Monarque ont long-tems imité son exemple; cette collection s'est graduellement augmentée par les livres que les Maures avoient cachés lors de leur expulsion dans différentes parties du Royaume, d'où il ne leur fut pas permis de les emporter. Dans quelques lettres Espagnoles & Latines de l'infortuné *Antonio Perez*, qui avoit été Secrétaire de Philippe II. (imprimées à Paris sans datte.) Il est fait mention au verso de la page 93. *d'un livre de main antique que l'on attribue à Salomon, & qui se trouve à St Laurent le Royal (l'Es-*

Tome III.

curial, que *l'Empereur Charles-Quint apporta avec d'autres du sac de Tunis.* Mais ce qui a le plus contribué à remplir les tablettes de la Bibliotheque, c'est un accident dont il est fait mention par différens Auteurs Espagnols, & plus particuliérement par celui qui a écrit (11) *l'Histoire de la Vie, & des faits du Roi Philippe III.* voici ses propres mots. „ *El* „ *Gobernador* Pedro de Lara, *corriendo* „ *el mar de Barberia, Segò junte a Ualè y* „ *encontrò con dos navios en que iba la* „ *recamera del Rey Zidan de Marruecos:* „ *y haviendo peleado con ellos, los rin-* „ *diò. Hallò entre otras cosas preciosas* „ *mas de mil cuerpos de libros en lengua* „ *Arabe de Medicina, Philosophia, y buon* „ *Gobierno, iluminados y escritos con gran* „ *costà* [*vilos ante que Uuevassen al Es-* „ *curial*] *y el Zidan tuvó esta perdida por* „ *la mayor, y offreció al Rey por su resca-* „ *te grande suma, en cantidad de setenta* „ *mil ducados. La respuesta fuè entregasse* „ *todos los esblavos Christianos que se hal-* „ *lassen en su reyno, y con essos rescata-*

---

(11) Le nom de cet Auteur est inconnu. Son Histoire est conservée dans la Bibliotheque du Roi à Madrid. *Casiri* a tiré cette anecdote de la Préface de cet Historien; qu'il appuie par de bonnes autorités.

" rian los libros. El moro venia en ello,
" si las guerras civiles que trahia con un
" Morabito y con su sobrino Muley Ze-
" que, dieran lugar à este intento y viendo
" nuestro Catholico Rey que el suyo nol-
" legaba hasta complir su deseo, mandò
" llevar la Libreria al Convento Real de
" San Lorenzo el del Escurial." C'est
à-dire.

" Le Gouverneur Pedro de Lara, étant
" en croisiere sur la mer de Barbarie, arri-
" va près de Salé, & rencontra deux vais-
" seaux qui portoient les équipages de *Zi-*
" *dan*, Roi de Maroc: Il les combattit &
" les prit; & y trouva, parmi un grand
" nombre de choses précieuses, plus de
" mille Volumes d'ouvrages Arabes de
" Médecine, de Philosophie, & de Po-
" litique, enluminés, & parfaitement bien
" écrits. Je les vis avant qu'on les trans-
" portât à l'Escurial. *Zidan* regarda cette
" perte comme très-considérable, & offrit
" de les rachetter du Roi pour soixante
" & dix mille Ducats; la réponse du Mo-
" narque fut qu'il les lui rendroit pourvû
" qu'il mît en liberté tous les esclaves
" Chrétiens qui se trouvoient dans son
" Royaume. Le Maure auroit accepté
" cette condition, si ce n'avoit été la
" guerre dans laquelle il étoit engagé

Tome III.

,, contre un certain *Morabile*, & contre
,, son cousin *Muley Zeque*: notre Roi
,, Catholique voyant que ce Prince Maure
,, tardoit à conclure, ordonna que les li-
,, vres fussent portés à l'Escurial."

Partout où le Docteur *Casiri* fait mention dans sa Bibliotheque de quelques-uns des Livres de cette prise déposés à l'Escurial: il a soin de les distinguer des autres en ajoutant ces mots. *Ex Regia Bibliothecca Marochiana*.

Mais si l'Escurial fut enrichi par un accident, il fut appauvri par un autre qui pensa le détruire. En l'année 1661. un incendie fortuit consuma la partie supérieure de cet édifice, & endommagea considérablement une vaste salle entierement remplie de Manuscripts Arabes, dont deux mille périrent dans les flammes. Je ne connois rien de si triste que de songer au grand nombre de Bibliotheques que l'Histoire nous apprend avoir été consumées par le feu: pour moi je ne saurois approuver l'usage où l'on est de former des amas immenses de livres, & de les déposer tous dans un même lieu: outre qu'ils deviennent ordinairement inutiles aux gens de lettres; on court risque de les perdre tous à la fois par le feu. Je suis décidé à léguer le peu que j'en ai aux enfans studieux de mes amis, dans l'espérance que quelques-uns d'eux en profiteront, ce qui n'arriveroit certainement pas si je les laissois à une seule personne, ou ce qui est encore pire à une fameuse Blibliotheque. Il n'arrive que très-rarement, autant que j'ai pu le remarquer, que ceux qui rassemblent des livres, ou ceux qui en héritent un grand nombre deviennent fort savans, peu de gens font cas des choses qu'ils ont en abondance, & généralement les plus savans sont ceux qui n'ont jamais eu beaucoup de livres en leur possession.

Il convient d'observer que parmi les différentes productions Poëtiques des Arabes rassemblées à l'Escurial, il ne se trouve pas un seul Poëme Epique & que *Casiri* ne fait nulle mention qu'il en ait jamais existé aucun. Cette particularité ne doit pas nous donner une grande idée de leur imagination. Autant que je peux en juger par les différens morceaux que ce *Casiri*; les Arabes se distinguoient plus par les sentimens que par l'invention; & si je me trompe, (ce que je crois pas) les nations modernes Européenes, ainsi que les Grecs & les Romains, doivent, tout bien considéré, être préférées pour la Poësie aux Arabes, surtout quand on considérera, que non-seulement ils n'ont jamais composé de Poëme

Tome III.

Epique; mais même quils n'ont rien produit dans le genre dramatique; les seuls ouvrages que l'on a trouvé à l'Escurial, qui ne sont qu'au nombre d'un ou de deux, méritent à peine ce nom, & n'étoient nullement propres au Théatre, ainsi qu'il paroit par ce qu'en rapporte *Casiri*.

Il n'est pas trop facile de se procurer l'ouvrage de *Casiri*, quoique récemment sorti de dessous la presse. Outre qu'on n'en a tiré que cinq cents exemplaires, le Roi a déja fait présent d'une bonne partie, & en a envoyé un à toutes les Universités célebres de l'Europe. Si celui dont j'ai tiré l'extrait informe que je viens de vous tracer ne m'avoit pas été donné, je n'aurois pu vous en rien dire; ce silence auroit considerablement abrégé ma lettre.

Voilà à peu près tout ce que je sais de la littérature Espagnole. Le Roi ne sauroit en être regardé comme le protecteur bien zélé, il a cependant contribué en quelque sorte à ses progrès. Il a fait du bien à *Casiri*, & placé avangeusement quelques savans qui se sont fait connoître par leurs écrits. Il vient depuis peu d'acquérir un emplacement considérable dans le voisinage de cette ville, dont il prétend faire un jardin de Botanique, qui sera sous la direction

de

de Don *Enazio Bernardès*, qui eſt un Médecin, qui (ſemblable au pere *Sarmiento* dont j'ai déjà fait mention) eſt très-habile dans l'Hiſtoire naturelle, & a viſité pluſieurs Provinces de la Monarchie Eſpagnole pour ramaſſer des plantes, afin d'enrichir le nouveau jardin des productions de l'Eſpagne. Avant que de penſer aux exotiques, je vous répete ce qu'il m'a dit lui-même.

Le Roi a auſſi conféré des poſtes éminents dans la marine à Don *George Juan* & à Don *Antonio de Alloa*, qui aiderent Meſſieurs *de la Condamine* & *Bouguer*, à meſurer trois dégrés du méridien ſous l'Equateur. En 1749. ces deux Officiers publierent conjointement en cette ville trois Volumes in quarto, intitulés *Obſervations Phyſiques & Aſtronomiques*. Je n'ai point vu cet ouvrage (12) mais le Conſul général Anglois, qui eſt un homme très-inſtruit, & qui a beaucoup d'eſprit, m'a-aſ-

(12) Nous l'avons vu, il eſt à la Bibliotheque de Geneve, & a 2 Volumes au lieu de trois ; Il eſt traduit en Anglois & en François: cette derniere traduction eſt peu fidele ; l'original eſt imprimé à l'Imprimerie Royale : les caracteres & le papier ſont très-beaux : nous ne dirons pas la même choſe des eſtampes.

Tome III.   D

suré que plusieurs de leurs Observations sur la Philosophie naturelle sont neuves, toutes très-curieuses, & que la relation qu'ils donnent des possessions Espagnoles dans *l'Amérique Méridionale* est fort supérieure à toutes celles qui ont été publiées jusqu'à présent.

On peut encore mettre au nombre des savans de cette ville Don *Thomas Lopez*, Géographe du Roi, actuellement occupé à compléter son Atlas Espagnol, qui à ce qu'on m'assure sera très-exact. Les Espagnols ne manquent pas non plus d'écrivains qui se sont exercés dans l'agriculture & le commerce. Ils en ont plusieurs qui jouissent d'une très-grande réputation rélativement aux ouvrages qu'ils ont publié sur ces deux sujets. Mais, comme je vous l'ai déjà dit; mon temps est trop précieux & trop limité pour qu'il me soit possible de tout examiner.

«Le Roi admet dans sa confidence son Lieutenant Général d'Artillerie le *Comte Gazzola*, Seigneur Italien, très instruit de différentes branches de littérature, grand Ingénieur, qui cultive les beaux arts, & a le premier découvert les *Ruines de Poestum*, qu'il a visitées en personne du tems qu'il habitoit Naples, il les a fait desfiner par *Sabatini*, & graver à ses dépens par *Bartolozzi* (13).

S. M. n'est point indifférente sur les progrès des arts, & protege efficacement son Académie Royale de peinture, de sculpture & d'architecture, récompensant très-souvent ceux qui s'y distinguent. Il a actuellement à son service, non seulement plusieurs artistes nés dans ses Etats, mais encore nombre d'étrangers auxquels il donne des salaires très-considérables. Les plus distingués parmi ces derniers, sont *Mengs* & *Tiepolo* dont j'ai dejà parlé ; tous deux peintres du plus grand mérite, & l'Architecte *Sabatini* : ce dernier est l'éleve de *Vanvitelli*, dont il a épousé la fille : Il est chargé de dresser un plan pour nettoyer cette ville, que le Roi a resolu d'embellir de nouveaux Edifices ; dont deux sont actuellement commencés, tous deux très-vastes, ils sont destinés l'un pour la Douane, & l'autre pour la Poste Générale.

Le Roi a commencé ici une Manufacture de porcelaine ; qui fait de grands progrès, à ce qu'on assure. Il accorde aussi de

---

(13) Le Comte *Gozzola* a tardé si long-temps à publier ces desseins, qu'un Architecte Ecossois l'a à la fin d'vancé & a publié en Angleterre une suite complette de ces ruines qu'il a levées lui-même.

grosses sommes pour l'avancement des Manufactures de soye, & de laine établies à *Ségovie*, *Talavera*, *Guadalaxera*, *Barcelone*, & autres lieux. Il a aussi ordonné qu'on réparât plusieurs grands chemins, & en a fait tracer deux nouveaux, qui conduiront de *Bilbao* en *Biscaye*, & de *Cadix* en Andalousie, à cette Capitale.

Ces entreprises ainsi que plusieurs autres de S. M. prouvent qu'il est un bon Roi; il seroit sûrement plus encore, si son prédécesseur ne l'avoit pas laissé chargé d'une dette immense, qu'il a résolu d'acquitter par degrés: mais les finances ne pourront être de long-tems sur un bon pied; sa mere les ayant fort épuisées pour lui procurer la couronne de Naples, dans un temps où il n'y avoit pas grande apparence qu'il montât sur le trône d'Espagne.

Pour conclure cette longue Epitre, je vous dirai qu'il y a huit Bibliotheques publiques dans cette ville, outre plusieurs particulieres, d'où j'infere qu'il y a ici beaucoup de gens de lettres, plus peut-être que les étrangers n'imaginent; quoique ce soit actuellement une mode presque générale dans différentes parties de l'Europe, d'avancer effrontément que les Espagnols sont très-ignorans.

LETTRE LVIII.

Ville riche, pourquoi. Longue conversation avec une Dame. Via Crucis. Anos, Estrechos, & Santos. Tendre séparation entre amis.

Madrid, 11 Octobre 1760.

Je ne crois pas qu'il soit au pouvoir humain de faire de cette Capitale une ville marchande, elle est trop éloignée de la mer pour cela; & n'a dans son voisinage nulle riviere navigable, elle est d'ailleurs située dans une Province, qui semblable à l'Estramadoure, ne sauroit, faute d'eau, être rendue fertile.

Malgré tous ces désavantages, Madrid est cependant une ville très opulente, comme vous le comprendrez facilement, en considérant qu'elle a été pendant plusieurs siecles la résidence de puissants Monarques; & la demeure ordinaire de presque tous les Seigneurs opulents, & de la noblesse de cette Monarchie. L'or & l'argent y circulent abondamment, non-seulement des

Provinces voisines; mais des vastes Royaumes possédés par cette couronne dans le nouveau monde, il se fait encore de promptes & de fréquentes additions à ces richesses ordinaires par celles des Vicerois, des Gouverneurs, & des autres Officiers supérieurs, qui généralement à leur retour du Mexique, du Perou, & d'autres pays éloignés, reviennent avec des provisions de pistoles, assez considérables pour être en état de passer à Madrid le reste de leurs jours dans la plus grande aisance & qui en laissent encore assez à leurs descendans pour soutenir le même état pendant plusieurs générations.

On comprend facilement, que le travail pénible est en quelque sorte banni d'une ville de cette espece, qu'elle a nombre d'habitans, qui n'ont d'autre soin que celui d'imaginer quelque façon agréable de passer le tems. Les usages singuliers ont dû nécessairement être la conséquence de cette situation unique, & comme la communication des deux sexes est une des choses les plus agréables de ce monde, cette nation a eu recours à plusieurs inventions pour faciliter cette communication.

Le désir que les personnes des deux sexes ont dans ce pays de passer le tems ensemble, est plus fort qu'on ne sauroit le croire, surtout chez ceux qui ont vécu long-tems en Angleterre, où les hommes de tout rang paroissent avoir honte d'être trop continuement dans la compagnie des femmes, & où le plus grand nombre s'abstient journellement de les voir pendant plusieurs heures, uniquement pour s'entretenir librement de politique, & boire ensemble tout à leur aise.

Les méthodes inventées par les deux sexes pour passer le plus de tems qu'il est possible ensemble, sont en grand nombre, cette lettre vous en fera connoitre quelques-unes.

J'ai été ce matin sur les dix heures, faire visite à une Dame fort aimable, que j'avois entretenu hier au soir à la *Tertulia*, avec une espece de familiarité, des coutumes Angloises, ainsi que de mon voyage. Don Felix, qui la regarde comme un des êtres les plus raisonnables de Madrid, l'a priée de prendre soin de moi pendant mon séjour; elle & son époux ont promis de me le rendre aussi agréable qu'ils le pourront.

J'ai trouvé sa porte ouverte, & personne qui la gardât. J'ai monté l'escalier, j'ai heurté à la porte, qui m'a été ouverte par

D 4

un laquais; *Votre Maitre y est-il?* Non, Monsieur: il vient de sortir. *Votre Maitresse est-elle au logis?* Oui, Monsieur; ayez la complaisance de passer par ici, me montrant un appartement à gauche.

J'ai suivi ce qu'il me disoit, & après avoir traversé trois grandes chambres, j'ai entendu de la derniere qu'on parloit dans une quatrieme.

Dona Paula, puis je entrer?

Entrez, entrez, a crié la Dame; & je suis entré. Je l'ai trouvée assise au milieu de son lit, appuyée sur une demie douzaine de carreaux, & dans un déshabillé galant. Elle avoit une petite table devant elle couverte d'une serviette, avec une tasse de chocolat dessus, & quelques biscuits sur une soucoupe d'argent. Une demie douzaine de jeunes Gentilshommes étoient assis autour du lit sur des sieges; & j'ai eu de plus le plaisir de voir que je n'étois pas tout à fait avec des étrangers; ayant déjà fait connoissance avec quelques-uns de ces Messieurs à la Tertulia & chez Don Felix: Elle m'a dit de m'asseoir près d'elle, a sonné pour qu'on m'apportât du chocolat; m'a fait les questions & les civilités d'usage; après quoi la conversation a continué, & a duré près d'une heure sans se rallentir.

Sur les onze heures on nous a prié de

passer

passer dans la chambre voisine pour qu'elle pût se lever: peu après une jolie femme de chambre est venue nous dire que sa Maitresse nous attendoit à sa toilette où nous nous sommes rendus. Une coëffeuse étoit occupée à ajuster ses cheveux; & l'on m'a assuré qu'il n'étoit pas ordinaire, dans ce pays, de se servir d'hommes pour cela; si ce n'est chez les Dames de la premiere condition, qui ont souvent des perruquiers François. Je ne dois pas oublier de vous dire, que pendant l'heure que nous avons passée à la ruelle de son lit, plusieurs personnes de la compagnie sont sorties à mesure qu'il en est venu d'autres qui sont entrés dans l'appartement sans faire plus de cérémonies que s'ils étoient entrés chez eux; prononçant seulement. *Deo Gratias* ou *Ave Maria*, à mesure qu'ils ont levé le rideau qui couvroit la porte.

Sa toilette a été bientôt finie, & un domestique est venu l'avertir que la Messe alloit commencer. Je me suis avancé pour prendre congé, réglant mes mouvemens sur ceux des autres personnes présentes; mais elle m'a dit de rester pour nous aller promener en Carosse après la messe; & diner ensuite avec elle si je n'avois pas d'autre engagement: J'ai fait une profonde révérence, je l'ai suivie dans sa Chapelle, j'ai trempé mon doigt du milieu dans l'eau bénite, j'ai touché le sien; je me suis mis à genoux sur un carreau à ses côtés; & ai entendu la messe; nous étions entourés de ses domestiques mâles & femelles, qui avoient tous leur rosaire à la main, & paroissoient tous aussi dévots que leur maitresse; ils ont tous dit à basse voix des *Pater* & des *Ave* pendant le service qui a duré à peine une demie heure. La Chapelle est très-petite, mais fort propre, & bien décorée : je m'apperçois que non-seulement les gens du premier rang ont ici leur Chapelles dans leurs hôtels ; mais même les simples Gentilshommes, & tous ceux qui ont le moyen de faire cette dépense. Ceux qui ne veulent pas avoir un Chapelain à leurs gages, ont un prêtre, ou un moine, qui vient leur dire tous les jours la messe pour trois ou quatre réaux. (14) Il n'y a point de Dame dans ce pays qui manque à l'entendre tous les jours : si elle ne s'aquittoit pas de ce devoir, elle ne seroit pas du *bon ton*, on la regarderoit d'ailleurs comme une profane ; cependant la religion exige qu'on y assiste seulement les jours de Fêtes & les Dimanches.

(14) Le réal vaut environ trois deniers d'Angleterre ou six sols de France.

Après la messe elle m'a fait monter dans son Carosse, & nous avons été prendre l'air hors la porte *St. Bernard*.

J'ai vu en passant plusieurs croix de bois plantées à la gauche du grand chemin, à environ cinquante verges de distance les unes des autres ; je lui ai demandé ce que cela signifioit.

Elles ont été plantées, m'a-t-elle dit, par les Jésuites qui viennent souvent ici l'après midi pour faire le *Via Crucis*, suivis d'une quantité de populace.

Le *Via Crucis* consiste en ceci. Deux ou trois de ces Peres marchant gravement à la tête du peuple, s'arrêtent à chaque croix successivement, & tous s'agenouillant dévotement dans la poussiere, disent haut sept *Pater* & sept *Ave* devant chacun, suivis d'un *myfltere* ; c'est-à-dire d'une espece de courte priere, où l'on fait la commémoration des différentes chutes que fit Notre Seigneur lorsqu'il étoit poussé cruellement en montant le Cálvaire, avec sa croix sur les épaules, par les impitoyables juifs. Il me semble que nos Jésuites, & nos autres moines sont dans l'usage de faire quelque chose d'assez semblable dans plusieurs endroits d'Italie ; avec cette seule différence que là ils placent le *Via Crucis* dans l'intérieur des Eglises, &

qu'ici ils le mettent dans le grand chemin.

N'allez pas me faire compliment sur le bonheur que j'ai eu de me trouver dans un Carosse tête à tête avec une Dame Espagnole. Un de ses domestiques sans livrée y est entré avec nous, & comme j'en ai paru étonné, elle m'a dit en François, que c'etoit l'usage à Madrid, & qu'aucune femme comme il faut n'alloit seule avec un homme; pas même avec son propre mari. Ce domestique privilégié est décoré du titre de *Page*. Les femmes des Grands d'Espagne en ont plusieurs; mais au-lieu d'être dans la même voiture avec leurs Maitresses, ils ont un Carosse pour eux qui suit le leur. A Naples les femmes de la premiere qualité ont adopté cette coutume fastueuse des Espagnols qui ont été long-temps les maîtres de ce Royaume. Le page de Dona Paula s'est tenu dans un coin du carosse, aussi rencogné qu'il a pu, pour ne pas nous empêcher de voir au travers de la glace de devant, sans jamais oublier de faire le signe de la croix à mesure que nous passions devant quelqu'une de celles du *Via Crucis*.

Après avoir fait environ deux milles, nous avons mis pied à terre, & sommes revenus très-à nôtre aise jusqu'à la porte, suivis par le carosse, le page, & le domestique qui étoit derriere. La Campagne des environs m'a parue peu agréable, à peine y découvre-t-on une seule habitation, ou même un arbre aussi loin que la vue peut s'étendre : ce qui est fort étonnant dans le voisinage d'une ville aussi peuplée. Toute la perspective de ce côté est entiérement stérile, & a l'aspect d'un véritable désert : mais le soleil étoit dans tout son brillant, & un doux Zéphire raffraichissoit l'air de la maniere la plus agréable ; de sorte que mon mal de tête qui m'a tourmenté depuis le moment que je suis entré dans la ville par la porte opposée, ainsi que je vous l'ai déjà dit, a été supportable pendant tout le tems qu'à duré notre promenade.

Il étoit près de deux heures lorsque nous avons été de retour au logis de Dona Paula ; le diné étoit prêt, mais avant que nous nous mettions à table, je dois vous prévenir (à son exemple) de quelques usages de cette nation.

Je lui ai demandé s'il étoit vrai, que les Dames de Madrid eussent si parfaitement adopté le systême de quelques Contrées d'Italie ; qu'à leur exemple elles admissent des *Sigisbées* sous la dénomination de *Cortejos*.

J'ai ouï beaucoup parler, m'a-t-elle répondu, de vos Sigisbées Italiens; & autant que je peux en juger, ils sont semblables à ce que nous appellons *Cortejos*; c'est-à-dire que ce sont des Messieurs qui sont attachés aux Dames avec une espece d'assiduité : mais je dois vous dire, que nous avons si bien rafiné sur vos compatriotes, que nous divisons nos amis de votre sexe en trois Classes, que nous distinguons par les noms *d'Anos*, *d'Estrechos* & de *Santos*.

Je me rappelle fort bien, lui ais-je dit, que ces différens mots m'ont souvent embarrassé, surtout en lisant vos Comédies, vos Entremes, & vos ouvrages d'esprit & de pur amusement; jusqu'à présent je n'ai eu aucune occasion de me procurer la facilité de comprendre parfaitement leur véritable sens.

Sachez donc, dit-elle en m'interrompant, que le dernier jour de l'année il est d'usage ici que plusieurs amis se rassemblent le soir pour tirer *l'Anos*. Tous les noms des Cavaliers & des Dames qui se trouvent présens, il n'importe qu'ils soient mariés ou non, sont écrits sur des morceaux de papier, & mis séparément: ceux des Cavaliers dans un chapeau & ceux des Dames dans un autre. Alors la plus jeune perfonne de la Compagnie tire le nom d'un Cavalier d'une main, & celui d'une Dame de l'autre. Les perfonnes dont les noms ont été ainfi tirés doivent être *Anos* (c'eft-à-dire années) pendant les douze mois fuivans. Ainfi l'Ano d'une Dame aquiert une efpece de droit d'être plus fouvent avec elle qu'il ne le feroit fans cela. Il peut entrer chez elle à toute heure, dîner avec elle toutes les fois qu'il veut, fans attendre qu'on l'invite; lui faire régulierement fa Cour, & eft en quelque forte aggrégé à fa famille.

Il n'y a d'autre différence, continua Dona Paula, entre *l'Ano*, & *l'Eftrecho* que celle-ci: les *Anos* font choifis le dernier jour de l'année, & les *Eftrechos* la douzieme foirée. Les noms des *Eftrechos* font tirés en même tems qu'un *Couplet* ou *Seguedilla*, dont on trouve un grand nombre compofés par nos beaux efprits à cette occafion, & que l'on achete tout imprimés. Ces efpeces d'Epigrames, ordinairement fatyriques, égaïent fouvent la Compagnie, furtout lorfqu'il arrive qu'ils ont quelque rapport au caractere de la perfonne, dont le nom eft forti avec le *Couplet*. *Eftrecho* fignifie *intime ami*. Quand aux *Santos*, c'eft encore la même chofe que les *Anos* & les *Eſtrechos*, on les tire la Veille de Noël, mais au lieu de les accompagner de *Coplas* & de *Seguedillas*, nous les tirons avec des noms de Saints, c'eſt cette circonſtance dont ils tirent leur nom : le Cavalier eſt obligé d'avoir pendant tout le cours de l'année une dévotion toute particuliere au Saint dont le nom ſort avec celui de Sa Dame, & celle-ci, à ſon tour, à celui dont le nom a été tiré avec celui de ſon Cavalier.

Par ce moyen, a ajouté Dona Paula, les Dames ſont ſures de ne pas manquer de compagnie toutes les fois qu'elles ſortent ; comme ces tirages de noms ſont ordinairement le prélude d'un ſoupé, ils contribuent à l'égaïer, ſurtout lorſqu'il arrive, ce qui m'eſt arrivé cette année, que les noms de la femme & du mari ſont tirés en même tems. Je ſuis actuellement *l'Eſtrecho* de mon mari ; par conſéquent j'ai le droit d'exiger ſes ſoins juſqu'à la fête prochaine des Rois.

Je ne déſaprouverois nullement ces uſages, lui ais je dit, ſi j'avois à reſter pluſieurs années dans cette ville : les étrangers qui réſident chez vous doivent trouver certainement très-commode, de devenir par ce moyen les intimes amis de trois Dames au moins. Vos maris & vos peres ne ſont ils pas quelquefois allarmés en voyant leurs femmes & leurs filles avoir tant d'intimes amis? Vos *Cortejos* font-ils généralement d'auſſi peu de conſéquence que nos *Sigisbées* prétendent l'être?

Pour vous répondre dans votre propre langue, me dit Dona Paula, je dois vous rappeller votre proverbe, que *Tutto il mondo è paeſe. Tous les pays ſe reſſemblent.* Nous avons ici des femmes, qui pourroient ſe mieux conduire qu'elles ne font; mais je m'imagine que cela ne nous eſt pas particulier, les domaines du vice s'étendent vraiſemblablement bien au delà du cours du *Manzanarès*. Cependant la mauvaiſe conduite des femmes débordées, ne ſauroit être attribuée à l'uſage des *Anos* & des *Eſtrechos*. Celles qui ſe ſont écartées du chemin de la vertu, trouveroient moyen de ſatisfaire leurs paſſions déſordonnées ſans cela. Mais j'oſe avancer en faveur de mes concitoyennes du premier rang, que la plus grande partie ſe conduiſent très-bien, quelle que ſoit l'idée que les étrangers puiſſent ſe former de nos *Cortejos*; & quelle que ſoit les libertés qu'ils ſe donnent ſur notre compte lorſqu'ils parlent de nos uſages. Nous ſommes vives, nous aimons qu'on nous faſſe la cour, nous danſons & chantons ſans ceſſe; mais le point d'honneur, & la voix de la religion ne font point encore fans force à Madrid. J'ai lu pour ma part plufieurs livres François, & je fais ce que l'on penfe de nous dans les autres pays: malgré cela je peux vous affurer, que je connois affez la façon de fe conduire de mon fexe, & qu'en général les Dames de Madrid, font d'excellentes femmes, d'excellentes meres, & d'excellentes filles: il n'y a pas non plus une feule ville en Europe où les maris foient plus galants, les peres plus affectionnés, & les amis plus refpectueux. Je pourrois vous rendre fouvent le témoin oculaire de ce que je vous dis, fi vous reftiez feulement quelques mois avec nous: vous verriez & entendriez des Cavaliers & des Dames agir & s'entretenir très-tendrement; mais vous trouveriez rarement un Cavalier tête à tête avec aucune de nous. Ce n'eft point notre ufage. Examinez notre façon de vivre non-feulement nos portes cocheres; mais encore toutes celles de nos appartemens font ouvertes du matin jufqu'au foir: tous nos amis & toutes nos connoiffances entrent & fortent fans en demander la permiffion; nos domeftiques, qui font nombreux, peuvent entrer auffi librement que nous partout où il leur plait: il vous a été facile de vous convaincre déjà par vous même que cet ufage eft généralement reçu à Madrid ; de forte que celles de nos Dames qui voudroient avoir une intrigue, feroient réduites à de grands embarras : il faudroit qu'elles changeaffent entierement leur maniere de vivre, ce qui ne pouroit fe faire fans s'expofer à la critique, & aux difcours de toute la ville : vous verrez aujourd'hui ici à dîné l'une de mes plus intimes amies, Doña *Bibiana de* ***, qui a été depuis plufieurs années très-régulierement vifitée & fuivie par un de nos Cavaliers les plus accomplis, malgré ces affiduités c'eft une de nos femmes les plus refpectées ; il n'y a pas une ame à Madrid qui ofât fe former la moindre idée défavantageufe fur fon compte.

Vos Demoifelles, lui ais-je dit, font-elles vifitées auffi familierement par leurs *Anos*, *Eftrechos*, & *Santos* ?

Pas tout à fait, m'a répondu la Dame, mais elles ne font pas auffi gênées que vous avez pu le croire, d'après les livres que vous avez lus. En général elles paffent la matinée dans leurs appartemens, où peu d'hommes font admis à l'exception de leurs différens Maîtres : Elles dînent toujours avec leurs parens ; & s'entretiennent par conféquent avec ceux qui mangent journellement à nos tables tout auffi librement qu'avec leurs propres freres ; l'après midi nous les menons avec nous à toutes nos visites & *Tertullas* sans nul scrupule; nous les laissons danser & chanter tant qu'elles veulent au logis ainsi que chez nos amis pendant les plus longues soirées; nous ne craignons nullement de les voir parler à aucun homme, pleinement convaincus que personne n'oseroit leur manquer de respect.

J'espere à présent, a ajouté Dona Paula, que vous voudrez bien vous défaire des idées que vous vous étiez formées sur notre compte, & croire que nos époux & nos peres ne ressemblent nullement à ces tyrans brutaux & jaloux que l'on vous a dépeints dans des Romans François; comme je crois m'appercevoir que vous cherchez à vous instruire dans le plus grand détail de nos mœurs & de nos coutumes, je veux vous mener avec moi un jour de la semaine prochaine à *Fuencarral*, afin que vous puissiez nous mieux connoître, & voir comme nous vivons librement avec nos amis, & heureusement avec nos maris.

Je vous prie, Madame, dites-moi ce que c'est que vous appellez *Fuencarral*?

C'est un village, m'a-t-elle répondu, distant d'environ deux lieues de la ville, où les Cavaliers, & les Dames font des parties les beaux jours dans l'après-midi, sous prétexte de *Merendar*, c'est-à-dire de manger une falade, & de boire du vin mufcat; pour lequel ce village eſt très-renommé nous y allons fouvent fuivies de nos *Santos*, *Anos*, *Eſtrechos*, ou d'autres amis.

Mais, Madame, vos maris — ?

Quelquefois ils jugent à propos d'être de la partie, d'autrefois non. Lorſqu'ils y viennent, tant mieux. Je dois pourtant ajouter, que les Dames n'y vont jamais que pluſieurs enſemble, pas tant pour la décence, que parce que plus elles font, plus la partie eſt amuſante. Là tandis que l'on prépare la collation, ou après qu'elle eſt finie; nous danſons ordinairement, nous chantons, ou nous nous promenons avec la plus grande gaiété.

Telle, à peu près, fut la converſation que j'eus avec Doña Paula pendant les deux heures que dura notre promenade. Je ſuis ſûr que vous ſerez un peu étonné de trouver cette rélation ſi peu conforme à celle des autres voyageurs, mais ce n'eſt pas ma faute: elle a appuyé ſes aſſertions de preuves ſi convaincantes, qu'on ne ſauroit les revoquer en doute, d'ailleurs je n'ai nulle raiſon de douter de ſa véracité: ſa bonté naturelle l'a peut-être fait pencher du côté le plus favorable un peu plus que la vérité ne l'exigeoit, & l'a rendue un peu partiale ; malgré cela il me paroit que son récit mérite qu'on y ajoute foi.

Il étoit deux heures quand nous sommes arrivés à sa porte. J'étois enchanté des convives avec lesquels je devois diner, peut-être parce qu'ils m'ont reçus avec beaucoup de politesse. Son mari, Dona Bibiana sa fidelle amie, & deux autres hommes, ont paru vouloir se surpasser envers le protégé de Don Felix. Le diné n'a point été magnifique : il ne consistoit qu'en quatre plats, outre la soupe & un beau désert composé de fruits & de confitures. Nous avons mangé de tout pêle-mêle sans nous astreindre à la régularité qu'on observe en Angleterre. Il paroit qu'il n'est pas ici trop ordinaire de se servir de porcelaine comme chez les Anglois on ne fait usage que de vaisselle d'argent. Le mari de Dona Paula paroit enjoué, & très-honnête homme. Il m'a fait compliment sur mes progrès dans les bonnes graces de son *Estrecha*, & m'a dit qu'il espéroit que mes succès m'empêcheroient de quitter Madrid aussitôt que je me l'étois proposé ; pendant le diné on m'a engagé à faire le détail des mœurs Angloises, tous les convives ont parus très satisfaits de ma narration, principalement sur ce qui concernoit les

Dames de cette nation, qui leur a paru s'accorder avec ce que Don Felix leur en avoit précédemment appris.

Nous n'avons pas resté une heure entiere à table; nous l'avons quittée aussitôt que la nappe a été levée, & nous avons été nous mettre à un balcon au-dessus de la rue; où nous avons bu une tasse de caffé, en voyant une procession, qui a passé par hazard, en se rangeant des deux côtés des murailles d'aussi près qu'il lui a été possible, pour éviter l'horrible boue du milieu de la rue.

Sur les quatre heures notre conversation a été interrompue pour quelques minutes par l'arrivée d'un Cavalier entre deux âges, qui après les révérences d'usage, s'est assis auprès de Doña Paula avec un air très-contrit.

Je vois à votre air, lui a-t-elle dit, d'un ton très-affectueux, que nous allons bientôt vous perdre.

J'ai enfin reçu les ordres du Roi, lui a-t-il répondu, & je pars demain.

Demain! a répliqué la Dame.

Demain, a-t-il reparti; & se mettant tout à coup à genoux devant elle, il a jetté ses bras autour de sa ceinture, & elle les siens autour de sa tête, qu'elle a tendrement pressée contre son sein, lui sans se mettre en devoir de l'embrasser, comme

Tome III.

j'aurois fait en pareille occasion, s'est levé, a embrassé le mari les larmes aux yeux, a fait la réverence à Dona Bibiana, serré la main d'un des Gentilshommes de la Compagnie, a fait signe à un autre de le suivre, & hors d'état de prononcer autre chose que *a Dios a Dios*, est sorti très promptement.

Le récit de cette courte, & vive scène n'est rien; mais elle a été très-touchante à voir. Après son départ on m'a dit que ce Cavalier étoit proche parent de Dona Paula; qu'il venoit d'obtenir un poste important dans le Royaume de Léon, & qu'il alloit en prendre possession: ce qui exigeroit vraisemblablement une résidence de plusieurs années. Ces Espagnols ont réellement tant de sensibilité, que si je restois ici quelque tems je finirois par trop m'y attacher. Pendant qu'on s'étendoit sur les louanges de ce Cavalier, Don Felix est venu me chercher, & m'a conduit à l'Académie Royale de peinture, dont je vous dirai demain quelques particularités: nous avons ensuite été chez un autre de ses amis, où nous avons passé la soirée, principalement à jouer: tout amusement bruyant seroit regardé comme indécent pendant ce grand deuil de Cour.

LETTRE LIX.

Académie Royale de peinture, Gratification refusée. La Vie privée d'un grand Roi. Farinelli fameux chanteur. Femmes assises devant un Palais Royal. Mules au lieu de Chevaux aux voitures. Innocence du commun peuple. Jubilados, Calessin, & autres matieres.

Madrid, 12 Octobre 1760.

Au centre de Madrid se trouve la *Plaza Mayor*, c'est-à-dire une grande place, la plus belle de la ville, entourée de maisons uniformes, dont les façades sont soutenues par des portiques élevés. Il est inutile de vous en dire davantage; vous en trouverez la déscription dans presque tous les livres de voyage où il est fait mention de cette Capitale; ainsi que celle des combats de taureaux que l'on y donne fréquemment.

L'une des maisons de cette place porte le nom *d'Académie Royale de peinture, sculpture, & architecture*. C'est dans cet hôtel que les professeurs, & les éleves de ces différens arts se rendent; les premiers pour enseigner, les derniers pour apprendre.

Le Roi Ferdinand, prédécesseur de S. M. actuellement regnante, & fondateur de cette Académie, n'a rien épargné pour fournir ses différens appartemens de modéles des plus belles statues d'Italie; comme *l'Hercule de Farnèse*, *l'Apollon du Belvedere*, la *Venus de Médicis*, le *Gladiateur*, *l'Antinous*, le *Faune*, &c. les murs sont très-abondamment décorés de tableaux & de desseins, comme c'est l'usage en pareils lieux.

Le Roi actuel tâche de perfectionner avec beaucoup de munificence ce que son prédécesseur a ébauché. On m'a assuré qu'il fourniroit libéralement tout ce qui étoit nécessaire à cet établissement. Il a de tout tems témoigné de l'inclination à favoriser les beaux arts; tout ce qu'il a fait pour découvrir & fouiller *Herculaneum*, lorsqu'il regnoit à Naples l'a assez bien prouvé outre les dépenses indispensables de l'Académie, comme les modeles vivans, les lumières, les gages des domestiques, S. M. paye encore l'entretien de quelques jeunes gens que l'on envoie chaque année à Rome étudier ces arts. Ceux d'entr'eux qui y obtiennent des prix de *l'Académie de*

St. Luc, sont ordinairement gratifiés à leur retour en Espagne de pensions viageres, & ceux de leurs ouvrages qui leur ont mérité cette distinction, sont placés en vue à l'Académie avec une courte inscription, qui annonce leur victoire.

Outre les modeles, les tableaux, & les desseins, l'Académie est munie d'une Bibliotheque bien choisie; fournie principalement des livres qui traitent des arts dont elle s'occupe. De sorte que tous ceux, qui sont dans l'intention de s'y appliquer, trouvent ici tout ce qui peut les aider dans cette carriere; on fournit même aux éleves le papier & les crayons aux dépens du Roi.

Le Concierge de l'Académie n'a pu me dire à combien se montoient les sommes que coutoient ces différens objets; c'est une espece de Gentilhomme qui n'a point voulu accepter ce que je lui ai offert pour m'avoir tenu compagnie pendant l'heure que ma visite a duré, m'avoir montré & expliqué avec beaucoup de netteté tout ce qu'il y avoit à voir. *No Senor*, m'a-t-il dit en retirant promptement la main, *en Espana no se usa el estilo de Italia*. Non, Monsieur, nous ne suivons point en Espagne l'usage d'Italie. Ce compliment ne m'a pas paru flatteur. Cependant je préfere la coutume d'Italie à celle d'Espagne à cet égard, je voudrois qu'il fût permis aux gens de cette espece de recevoir ce qu'on leur présente : en les payant on est moins gêné, on examine tout à son aise & lorsqu'on sait que ce qu'on présentera ne sera point accepté on craint de donner trop de peine, à celui qui étant certain, de son côté qu'il ne doit rien lui revenir pour l'ennui qu'on lui donne, ne s'embarrasse pas de se trouver à point nommé lorsqu'on a besoin de lui, ou évite d'entrer dans des détails; & prend de l'humeur lorsqu'on l'arrête trop longtems.

J'ai vu aujourd'hui le Roi, je dois vous dire qu'un nés saillant, un œil vif & perçant, & un air serein, le font paroître beaucoup plus avantageusement qu'il n'est représenté sur ses monnoies. J'ai eu occasion de voir plusieurs de ses portraits, dont un de la main de son peintre favori *Mengs*; mais ni *Mengs* ni aucun autre peintre, ne m'avoient donné une juste idée de sa figure, qui est agréable, quoique composée de traits irréguliers.

Quand à sa personne ; il est d'une belle taille, sa démarche est tout à fait celle de la maison de *Bourbon*, c'est-à-dire qu'elle est sûre, & qu'il se tient droit. Il paroit robuste; & l'on m'a assuré qu'il étoit très-fort. Son teint est très-hâlé, & brulé du soleil, ce qui est une suite nécessaire de sa passion pour la chasse. Il est à cet égard un véritable *Méléagre* : La plus grande chaleur ou le froid le plus rigoureux ne sauroient le distraire de cet exercice, vous ne serez pas fâché à ce que je crois de trouver ici le détail de sa vie privée, le voici, tel qu'il m'a été donné par gens qui en ont été les témoins journaliers pendant nombre d'années.

Tous les jours, en toute saison, il se leve sur les six heures; il sort à sept précises de sa chambre à coucher en robe de chambre. Il trouve dans son Antichambre un *Gentilhomme de Camera*, un *Mayordomo de Semana*, un Médecin, un Chirurgien, & plusieurs autres Officiers de service avec lesquels il s'entretient pendant qu'il s'habille. Le *Gentilhomme* un genou en terre présente une tasse de chocolat, que le Roi boit presque froid. Il fait signe ensuite à quelques-uns de ses Officiers de sortir; entre dans sa Chapelle privée, & entend la messe, il se retire après dans un cabinet, où personne n'entre jamais : il y lit ou y écrit, surtout les jours qu'il ne chasse pas dans la matinée.

Sur les onze heures il sort de ce Cabinet pour recevoir toute la famille Royale: tous lui baisent la main, ou se présentent pour la lui baiser en ployant un genou. Il les embrasse à son tour, baisant les Princes à la joue, & les Princesses au front.

La famille Royale se retire après s'être entretenue quelques moments avec lui ; il donne une courte audience à son Confesseur : & parle aux Ministres d'Etat, qui ont quelque chose à lui communiquer, ou des papiers à lui faire signer. Les Ambassadeurs de famille ont aussi leur tour ; c'est-à-dire ceux de France & de Naples, avec lesquels il demeure environ un quart d'heure, rarement plus long-tems. Précisément à l'instant qu'il se met à table les autres Ambassadeurs & Ministres étrangers entrent. Il dîne exactement à midi, il mange tout seul depuis la mort de la Reine. Les Ambassadeurs, les Ministres étrangers, ses propres Ministres, les Généraux de ses armées, & plusieurs autres Seigneurs lui font leur cour pendant son repas, & tous ceux que les gardes ont laissé entrer entourent la table pour le voir dîner. Le Cardinal, Patriarche des Indes, bénit les viandes, non en sa qualité de Patriarche ou de Cardinal, mais en celle de Grand Aumônier.

Voici qu'elle est la cérémonie de la table. Le *Mayordomo Mayor* se tient débout à la droite du Roi, & un Capitaine des Gardes du Corps à la gauche : L'un des *Mayordomos* de femaine, deux *Gentilshommes de la Chambre*, & une foule de pages font le fervice. L'un des deux *Gentilhombres* découpe, l'autre fert à boire à S. M. Les plats, tous couverts, font apportés l'un après l'autre par une fuite non interrompue de pages; & chacun d'eux eft remis entre les mains du *Gentilhombre* tranchant, qui le prend d'une main, le découvre de l'autre, & le préfente au Roi. Ce Monarque fait un figne d'approbation ou de défapprobation à chaque plat : Le *Gentilhombre* met fur la table ceux qu'il a approuvés, on remporte les autres. Ceux qui reftent font pourtant affez nombreux : quoique le Roi ne faffe pas ufage de tous, il ne mange jamais que les mets les plus fimples, & toujours avec affez d'appétit.

Le *Gentilhombre*, qui lui donne à boire, jette d'abord quelques gouttes de vin & d'eau dans une foncoupe d'argent qui a un bec, & les boit, enfuite mettant un le genou en terre, il préfente de l'un & de l'autre au Roi, d'abord l'eau enfuite le vin qui eft toujours du Bourgogne.

Lorfque le Roi a bu le premier verre, les Ambaffadeurs & les Miniftres étrangers, qui ont été debout jufqu'alors, & tous fur une ligne à la main droite de S. M. font la reverence, & vont faire leur cour au reste de la famille Royale, qui est aussi à table : chaque individu étant servi dans son propre appartement. Le Prince des Asturies mange seul, ainsi que Don Louis, l'Infante mange aussi seule, & les deux dernieres Infantes ensemble. Toutes ces tables sont très-somptueuses : mais celle de la Reine mere l'est encore plus que les autres. Je dirai bientôt quelque chose de cette Princesse.

On sert ordinairement près de cent plats, chez le Roi, dont une quarantaine sont mis sur sa table. Quand on les a ôtés ; ils sont suivis d'un ample dessert, auquel il touche rarement à l'exception d'un petit morceau de fromage & d'un peu de fruit. La derniere chose qu'on lui présente est un verre de vin de Canarie avec un biscuit. Il le rompt en deux, le trempe dans son vin, & le mange sans boire jamais le vin.

Un moment avant qu'il se leve de table ; où il reste ordinairement près d'une heure ; les Ambassadeurs & les Ministres étrangers rentrent, passent devant lui, & se rendent dans un appartement voisin ; où ils attendent sa venue. Il s'entretient avec eux pendant près d'une demie heure de matieres indifférentes.

Il rentre ensuite dans son propre appartement pour mettre son habit de chasse, qui est un frac gris de gros drap, que l'on fabrique exprès à Ségovie, & une veste de peau. Il met toujours ses culottes de peau en sortant du lit, surtout les jours qu'il se propose de chasser. Des bottines, un chapeau rabattu par devant, & des gands de peau très-forts complettent son ajustement. Tandis qu'on lui met ses bottes, le *sommelier du corps* (le Duc de *Losada*) lui donne une tasse de caffé. Entre une & deux heures il monte dans un Carosse tiré par six ou huit mules, & il part avec son frere *Don Louis*, les mules galoppent ventre à terre. Une demie douzaine de ses gardes du corps précedent la voiture à cheval, & trois laquais la suivent.

Le mauvais tems, ainsi que je l'ai déjà dit, n'est jamais un obstacle qui l'empêche de sortir les jours de chasse, il ne craint ni grèle, ni éclair, ni tonnerre. Don Louis, qui lui tient constamment compagnie & entre avec lui dans son Carosse, est le seul qui ait la permission de tirer sur le gibier dans ces chasses ordinaires; mais les jours de chasses générales, & privilégiées, quelques-uns des Grands qui l'accompagnent, obtiennent la même faveur: Cependant depuis ces derniers tems, ces chasses solemnelles sont devenues rares; parce qu'on a trouvé qu'elles étoient trop dispendieuses.

Un peu après le coucher du soleil, le Roi rentre ordinairement, portant dans ses mains autant de gibier à plumes qu'il en peut tenir. Quand aux quadrupedes qu'il a tué, comme cerfs, daims, sangliers, loups, renards &c. on les apporte au Palais sur des chariots. Il examine le tout, le fait peser en sa présence: il est satisfait lorsqu'il y en a beaucoup, surtout lorsqu'il lui est arrivé de tuer un ou deux loups. Il mene rarement le Prince des Asturies avec lui à la chasse.

Lorsque le gibier est pesé, & qu'on l'a porté dans les Cuisines. Il rend une courte visite à la Reine-mere; ensuite il accorde une audience particuliere à celui de ses Ministres qui est de jour: chacun d'eux en ayant un fixé: Le Ministre apporte ses papiers dans un portefeuille, & lui montre ceux qui sont rélatifs à son département: si cette audience lui en laisse le tems il joue au *Reversino*, (jeu de cartes ainsi appellé de *Reversi*:) avec trois de ses courtisans, qui sont ordinairement, le Duc de *Losada* sommelier du corps, le Duc *d'Arcos*, Capitaine de la Compagnie Espagnole des Gardes, & un autre Grand d'Espagne dont j'ai oublié le nom. Il ne joue jamais d'argent;

n'ayant recours au jeu que pour paſſer le quart d'heure ou tout au plus la demie heure qu'il eſt obligé d'attendre ſon ſoupé : à neuf heures on le ſert. Il n'a d'autres ſpectateurs que ſes Courtiſans : après ſoupé il ſe couche pour ſe lever le lendemain, & récommencer les mêmes occupations, avec autant d'exactitude & de méthode : elles ne ſont preſque jamais altérées, excepté les jours de poſte, qu'au lieu d'aller à la chaſſe, il paſſe un peu plus de tems, tant le matin que l'après midi dans ſon propre cabinet, où il s'occupe à écrire à ſon fils à Naples, à ſon frere à Parme, à ſes ſœurs à Turin & à Lisbonne, & ſouvent au Marquis *Tanucci* & au Prince de *St. Nicandre*, le premier desquels il a nommé principal Miniſtre, & le ſecond *Ayo* ou Gouverneur de Sa Majeſté Sicilienne.

S'il lui reſte du tems les jours de poſte, il l'emploie dans ſon laboratoire; c'eſt-à-dire dans la boutique de tourneur la mieux fournie qui ait jamais exiſté, il eſt très-habile dans cet art, & fait de très-jolies choſes. Il a différens tours d'une invention ſinguliere, dont quelques-uns lui ont été donnés par le Roi de France, & quelques autres par le Comte *Gazzola*, dont je vous ai déjà parlé, l'un des plus grands mécaniciens de ce fiecle. Il refte auprès de Sa Majefté toutes les fois qu'elle travaille dans ce laboratoire.

Quand à fon caractere perfonnel, il avoit du vivant de la Reine la réputation d'un excellent mari: n'y ne lui a jamais fait la moindre infidélité, il n'a eu aucune Maitreffe. Ses freres ont toujours été fes meilleurs amis, & fes plus intimes confidens; quand à fes enfans tout le monde fait combien il les chérit. C'eft plutôt un bon maître que fort affectionné, il n'a jamais aucune familiarité avec fes domeftiques, mais auffi ne leur témoigne-t-il jamais aucun mécontentement. On affure qu'il ne lui eft point encore arrivé de marquer aucune préférence particuliere ou de l'amitié à quelqu'un qui n'étoit pas de fa famille; non plus que de l'averfion. Il arriva une fois qu'il furprit un de fes domeftiques les plus familiers, mentant: il lui défendit de fe préfenter devant lui, & lui continua fes gages. Sa converfation eft généralement gaie, mais toujours auffi châtiée que fa conduite. Il a une grande confiance en fes principaux Miniftres, furtout au Marquis *Squillace*, qui a trouvé moyen de lui infpirer la plus grande idée de fa capacité; cependant ni *Squillace* n'y aucun autre n'ont jamais été fes favoris: fi l'on entend par favori un fujet admis par fon Souverain à la plus grande intimité; perfonne n'eft jamais parvenu à ce point là avec lui, quoiqu'il marque à quelques-uns de fes Courtifans une amitié toute particuliere, furtout au Duc de *Lofada*, que fa place met dans le cas de coucher conftamment dans le même appartement que fon maître. Ce Duc a la réputation d'être le plus galant homme qu'il y ait en Efpagne; il y a longtems qu'il en jouït, & c'eft vraifemblablement ce qui l'a rendu cher au Roi. Quand à *Squillace* c'eft un homme infatigable : on affure que lui feul dépêche plus d'ouvrage, que tous les autres Miniftres enfemble, à peine fe donne-t-il le tems de manger. Il eft vrai qu'on l'accufe d'une hauteur infupportable, & d'une avarice infatiable, qualités que l'on ne pardonne pas aifément, furtout lorfqu'elles fe trouvent réunies chez un étranger, tel que *Squillace* qui eft Sicilien : mais mon intention n'eft point de vous peindre le caractere d'aucun des gens en place de cette Cour, je me borne fimplement à vous répeter ce que j'entends journellement dire aux autres. Il eft tout naturel que ce Miniftre ait des envieux : il occupe la premiere place quoiqu'étranger, on auroit tort d'ajouter foi aux difcours de l'envie.

Le Roi ufe d'une efpece de condefcendence envers tous ceux qui l'approchent, à laquelle on pourroit donner le nom de politesse, ce qui imprime dans le cœur de ses sujets le plus profond respect, cette douceur jointe à la régularité de ses mœurs indépendamment de sa dignité ne sauroit manquer d'inspirer les sentimens de la plus grande vénération pour sa personne. La maniere dont il distribue ses momens; qui n'est jamais dérangée, paroitra peut-être trop uniforme, & même un peu ennuieuse: elle n'en est pourtant pas moins louable, il est très-nécessaire qu'un Roi ait des Ministres & des Domestiques prévenus des heures, & même s'il se peut des minutes, où ils peuvent l'approcher pour l'expédition des affaires de leurs départemens respectifs, & pour remplir les fonctions dont ils sont chargés.

Tout le monde convient ici, qu'il s'en faut beaucoup que S. M. soit sans connoissance des hommes, ou des affaires. Elle a beaucoup lu, & il ne se passe pas un seul jour qu'elle ne lise encore. Outre sa langue maternelle, elle parle Italien & François avec la plus grande facilité, & la plus grande netteté, elle n'ignore pas non plus le Latin. On dit, qu'elle connoit ses intérêts ainsi que ceux des autres Princes aussi parfaitement que ses Ministres, & qu'elle n'épargne rien pour être informée de bonne heure de tout ce qui se passe d'intéressant en Europe, & dans le nouveau monde.

Depuis son exaltation au trône, il n'a point voulu permettre qu'on représentât aucun opéra Italien soit à Madrid ou à Aranjuez; comme cela se pratiquoit sous le regne de son prédécesseur. Les jours de la Reine Barbe sont passés, où l'on prodiguoit des millions pour attirer des Musiciens Italiéns. Je vous ai déjà parlé de l'ascendant que *Farinelli* avoit sur cette Princesse : son époux *Ferdinand* avoit pour le moins autant de foible qu'elle pour ce *Virtuoso* : notre moderne Orphée loin d'en abuser, s'est conduit avec tant de sagesse & de modestie pendant le longtems qu'il a joui de leur faveur, & s'est fait un si grand nombre de véritables amis parmi les gens du pays, par son désintéressement & par sa conduite franche & unie, que plusieurs des premiers Seigneurs de la Cour s'intéresserent & parlerent en sa faveur au Roi à son arrivée de Naples, & pousserent la générosité jusqu'à le lui recommander comme un très-honnête homme, qui n'avoit jamais abusé de la confiance de leur dernier maître, & qui avoit toujours employé son crédit à faire tout le bien qu'il avoit pu. C'est fort bien, dit le Roi, mais *les chapons ne font bons que fur la table.* Il ne voulut pas permettre qu'il restât en Espagne, il lui assigna une pension de deux mille pistoles, & le renvoya dans sa patrie, congédia en même temps tous les Acteurs de l'Opéra, dont il trouvoit que les gages montoient à des sommes exorbitantes. Cette œconomie dans cette partie, lui gagna les cœurs de ses nouveaux sujets, qui avoient long-tems murmuré de la prodigalité du feu Roi à cet égard; & ils continuerent bien du tems à témoigner leur satisfaction par leurs acclamations toutes les fois que S. M. se montroit en public. Après le départ de *Farinelli*, quelqu'un lui ayant demandé quand il se proposoit de faire venir un Opéra pour l'amusement de la Reine, qui aimoit la musique, il répliqua très-férieusement, *ni à préfent, ni jamais*. Vous vous imaginez bien qu'après une réponse aussi laconique, personne n'osa plus parler d'Opéra Italien.

Outre le retranchement de cet article de dépense extravagante il a encore diminué celle de ses écuries, dans lesquelles il ne trouva à son arrivée pas moins de quatre-cents attelages complets de mules de carosse, & un nombre beaucoup plus considérable de chevaux de selle qu'il n'étoit nécessaire. Les chevaux de même que les mules furent bientôt diminués de plus de moitié, à la grande mortification des subalternes de la Cour, que l'indulgence de son prédécesseur avoit long tems accoutumé à se montrer dans les voitures du Roi, quoique la médiocrité de leurs emplois ne leur en donnât pas le droit.

Par ces économies, & d'autres semblables, Sa Majesté mit bientôt ses finances sur un pied à pouvoir acquitter une partie des dettes immenses dont elles se trouvoient chargées. Ces dettes sont encore très-considérables; cependant si la paix continue, il y a toute apparence qu'elles seront toutes payées d'ici à vingt ans.

Quand à la feue Reine, tout le monde convient que c'étoit une excellente femme à prendre ce mot dans toute son étendue, sincérement attachée à son mari, à ses enfans, à ses domestiques, & à tous ceux qui lui paroissoient le mériter : avec cela elle étoit vive, & sa vivacité lui faisoit quelquefois gronder ses gens sans sujet, mais revenant bientôt à elle même, elle craignoit d'avoir eu tort ; elle cherchoit à être mieux informée, les éclaircissemens qu'elle se procuroit l'obligeoient souvent à faire des excuses à ceux qu'elle avoit maltraités, & à se plaindre : *qu'elle avoit beaucoup plus de la vivacité que des vertus de sa chere mere.* Plusieurs traits de cette nature, & sa bonté naturelle, l'avoient rendue chere à tous ceux qui l'approchoient.

Pour la *Reine-mere*, célebre éleve du rigide *Alberoni*, la perte de sa vue, & la vieillesse ont bien diminué de son ambition, & l'ont mise hors d'état de se mêler des affaires de son fils, sa façon actuelle de vivre est tout à fait singuliere, elle n'a aucune heure reglée. Quelquefois elle dinera à midi, quelquefois le soir, d'autres fois à minuit, faisant souvent de la nuit le jour, où le jour de la nuit, au rebours de ce qu'elle faisoit du vivant de son mari Philippe V, auquel elle reprochoit souvent d'être peu réglé & de veiller trop tard. Je vous ai déjà dit que sa table étoit beaucoup plus somptueuse que celle de son fils; cependant il arrive rarement qu'elle touche aucun des mets qu'on y sert. Vivant pour ainsi dire uniquement d'une grande tasse de chocolat, quelle prend au moment qu'elle sort du lit. Le Roi lui fait tous les jours une visite, s'accommode à toutes ses fantaisies, rit de son genre de vie singulier, & la traite avec le plus profond respect.

Chaque jour de gala, le Roi met un habit neuf, aussi riche qu'il soit possible de se le procurer ; ils sont tous constamment conformes à la mode de ceux qu'il portoit dans sa jeunesse : & il paroît toujours fort impatient de se déshabiller, n'étant bien à son aise, que lorsqu'il a repris son frac gris & sa veste de peau. Il a toujours eu de l'aversion pour toute espece d'innovation; & il est si fort attaché aux anciens usages qu'il a porté pendant plus de vingt ans une montre d'argent. La Reine avoit vainement taché de l'engager à se servir d'une autre ; à la fin pour se débarasser de ses importunités, & de ses éternelles plaisanteries, il s'est décidé à changer la boëtte, & y en a fait mettre une d'or qu'il a tournée lui-même.

Lorsqu'il prit le parti de remettre à son fils le Royaume de Naples, tout le monde comptoit qu'il enverroit en Espagne, tous les monuments Antiques qu'on avoit déterrés à Herculaneum. Ceux qui formoient de pareilles conjectures connoissoient bien peu ce Monarque ; car le même jour qu'il couronna ce Prince, il fut au lieu où ces monumens étoient gardés, & y déposa une bague, qu'il portoit depuis plusieurs années, qui avoit été trouvée dans ces ruines, en disant, qu'il n'avoit pas le droit de rien garder de ce qui appartenoit à un autre Roi.

Le Palais de *Buenretiro* n'étoit ci-devant qu'une habitation très-ordinaire pour des Monarques tels que ceux d'Espagne, si nous ajoutons foi aux anciennes relations. Mais le feu Roi en a fort embelli les différens appartemens, & Sa Majesté, actuelle y a de son côté dépensé beaucoup d'argent, de sorte qu'ils sont présentement très-beaux & très-commodes. J'ai passé cet après midi, auprès de cette maison Royale, & j'y ai vu au moins deux cents femmes assises sur une ligne, devant la façade, à terre. J'ai demandé ce que signifioit cette assemblée extraordinaire, & on m'a répondu, que ces femmes n'y venoient que pour jouïr du beau tems, & voir ceux qui entroient & sortoient. Elles font la même chose tous les jours qu'il fait beau, à l'exception des fêtes. Elles étoient toutes assises, leurs mantilles abaissées, c'est-à-dire à visage découvert, ce qui rendoit cette vue assez agréable. Vous vous doutez bien que ces femmes ne sont pas du premier rang ; on m'a dit cependant, qu'elles n'étoient pas non plus du dernier. Cet amusement m'a paru singulier : être assis à plat de terre pendant des heures entieres !

Il n'y a ni chaises à porteurs, ni fiacres à louer à Madrid, en conséquence un étranger ne sauroit se promener à son gré en voiture dans la ville, comme cela se pratique à Londres & à Paris. Celui qui n'a pas son propre Carosse, doit aller à pied, ou louer un équipage que l'on paie ordinairement trente réaux par jour. Toutes les voitures sont ici tirées par des mules; le cocher mériteroit à plus juste titre le nom de postillon que celui qu'il porte, puisqu'il est monté sur une mule & ne se met point sur le siege : cet usage me paroit très-louable, par ce moyen ceux qui sont dans le Carosse, voient tout à leur aise au travers de la glace de devant.

Cette coutume de se servir de mules au lieu de chevaux pour les voitures à roues, est universelle ici, parce que les chevaux ne peuvent pas résister aussi long-tems à l'ardeur du soleil d'Eté, n'y aux vents froids de l'hyver, que l'on m'assure être très-rigoureux dans cette ville lorsque la neige couvre les montagnes voisines de l'Escurial. Quelques Ambassadeurs étrangers qui ont refusé de se conformer à cet usage, & ont voulu continuer à avoir des chevaux à leurs Carosses, ont eu sujet de se repentir de leur entêtement, jamais deux chevaux n'ont pu leur durer une année entiere, soit qu'ils fussent étrangers, ou Espagnols. Il n'est permis à personne d'avoir en ville plus de quatre mules à sa voiture. Le Roi seul en a six, & quelquefois huit ; mais on le voit rarement à Madrid. Hors de la ville les gens de condition en mettent ordinairement six ; peu ont la permission d'entrer aux portes avec ce nombre. Les grands Officiers de la Couronne, & les Ministres étrangers, (si je ne me trompe) ont seuls ce Privilege, encore faut-il que leurs postillons soient en habit de voyage, & qu'ils se rendent en ligne directe de la porte à leur hôtel.

Il n'y a ici que très-peu de mendiants, & ce petit nombre ne se répand pas bien loin : ils se tiennent ordinairement près des portes des maisons les plus fréquentées, où ils n'importunent guere ceux qui entrent & qui sortent par leurs fréquentes demandes. Ils se contentent de tendre la main d'un air suppliant, si l'on leur donne quelque chose tant mieux ; si l'on ne leur donne rien, tout est fini ; ils ouvrent rarement la bouche pour se plaindre.

Les gens au-dessus du commun de ce pays sont très-polis envers les étrangers qui leur ont été présentés, si j'ai droit d'en juger parce que j'ai éprouvé ; la populace même ne les regarde point de travers, & ne leur dit rien d'offensant, ainsi qu'il arrive souvent à celle d'Angleterre : où la haine que la populace à naturellement pour les étrangers ne cesse d'être fomentée par une suite non interrompue de mauvais écrivains, de brochures partiales & malignes. Quand aux Grands Seigneurs Espagnols; ils sont rarement liés avec des étrangers ou des gens du pays dont le rang n'est pas égal au leur. Un Ambassadeur étranger me disoit hier, que depuis quatre ans qu'il résidoit dans cette Cour, il n'avoit pas été invité une seule fois à diner, si ce n'est chez les Grands actuellement dans le Ministere; & que de son côté il n'en avoit eu aucun à sa table pendant tout ce tems. D'où il est naturel de conclure, que ce n'est point la coutume parmi les Grands Seigneurs, de tenir maison ouverte, comme on le pratique presque dans toutes les principales villes d'Europe. Quelques-uns de ces grands sont cependant très-opulents, & ne sauroient être accusés d'avarice, la majeure partie vit avec la plus grande magnificence: mais leur façon de dépenser ne ressemble point à celle des autres pays, & consiste généralement à avoir une cour nombreuse dans l'intérieur de leurs hôtels; composée de plusieurs Aumoniers, de Secrétaires, de Pages, & d'une très-nombreuse livrée, ainsi que quantité de mules dans leurs écuries. D'ailleurs il y a bien peu de Grands Seigneurs ou de gens riches à Madrid, qui renvoient jamais un domeſtique qui les a ſervis pendant quelque-tems; avant que la vieilleſſe où la maladie les mette hors d'état de ſervir; alors ils le nomment un *Jubilado*, (vétérant) & continuent pendant toute ſa vie à lui payer ſes gages, ſans en rien exiger. Il ſe trouve ici, à ce qu'on m'a aſſuré, pluſieurs Seigneurs qui ont des centaines de Penſionnaires de cette eſpece tant de domeſtiques de ville, que de ceux qui les ont ſervis dans leurs terres. Vous conviendrez ſans doute, qu'il n'y a pas moins d'humanité que de grandeur dans ce genre de généroſité Eſpagnole, qui s'étend même juſqu'aux gens de la derniere Claſſe. Notre premiere nobleſſe de Rome, de Naples, de Gênes, & de Milan, à ſuivi ce même uſage juſqu'au commencement de ce ſiecle, il y a malheureuſement nombre d'années qu'elle y a renoncé: ce qui à mon avis, ne lui fait pas beaucoup d'honneur.

Lorſque quelqu'un du pays, ou un étranger à occaſion d'aller à quelques lieues de la ville, il peut louer un *Caleſſin*, c'eſt-à-dire, une chaiſe ouverte, tirée par un un seul cheval. Le conducteur est à pied à côté du *Calessin*, ou monte derriere lorsqu'il est las de courir, ne cessant jamais de crier, & de fouetter la pauvre bête avec son long fouet, pour la faire trotter: j'en ai rencontré plusieurs ce matin de bonne heure, en allant, monté sur une mule, voir le *Pardo* qui est une des maisons de plaisance du Roi, distante d'environ six milles de cette ville; ma mule a fait ce trajet au pas en moins d'une heure.

Le Roi habite le *Pardo* pendant deux mois de l'année, uniquement pour chasser dans le voisinage; son Palais n'est ni beau, ni vaste, comparé à celui qu'il habite: il est cependant assez spacieux pour pouvoir le loger lui & sa famille, dont chaque individu a son appartement séparé, il n'y en a aucun qui soit richement meublé, mais ils sont tous très-propres. On a ajouté au corps principal du Palais plusieurs autres bâtimens où les grands Officiers & les Ministres ont leur logement lorsque la Cour y réside, ainsi que des écuries suffisantes pour contenir environ huit cents chevaux, & un millier de mules. Le principal Edifice a été fondé par l'Empereur Charles-Quint, qui aimoit à s'y reposer des affaires; ses successeurs y ont tous fait quelques additions, afin de le rendre plus commode (15). Lorsque le Roi y habite, ce lieu doit paroître très-resserré; plusieurs milliers de gens suivent constamment la Cour : & il vient tous les matins un grand nombre de Courtisans de Madrid pour se montrer au Roi, & à la famille Royale. La situation du *Pardo* est très-pittoresque, a d'un côté une montagne d'un accès facile, & est environné d'une forêt fort étendue ; les arbres de la forêt sont principalement des chênes ; les glands qu'ils produisent en abondance fournissent assez de nourriture au grand nombre d'animaux qui l'habitent. Lorsque le Roi réside dans ce Palais, la majeure partie des paysans des villages voisins se levent avant le jour, au son des cloches de leurs Eglises, hommes, femmes, & enfans, courent dans la campagne, criant & battant les buissons, pour effrayer le gibier & le chasser du côté du *Pardo*, afin que S. M. en trouve une grande quantité. Ce Prince est un très-excellent tireur : on rapporte plusieurs exemples de son addresse qui paroissent

(15) M. Clarc, parlant du *Pardo*, dit assez sechement, que ce ne seroit „ *qu'une maison de campagne fort ordi-* „ *naire pour un Gentilhomme Campagnard Anglois.*" J'ai vu, aussi bien que lui, plusieurs maisons de campagnes de Gentilshommes Anglois ; mais j'en ai peu vu jusqu'à présent qui pussent facilement loger un Cortege aussi nombreux que celui du Roi d'Espagne, & cette quantité de Ministres, de Gardes, de mules, de chevaux, &c. &c.

presqu'incroyables. On prétend qu'il tue au vol d'un coup de fusil chargé à bale l'oiseau le plus petit, & le plus sémillant. Les François disent à peu près la même chose de leur Monarque. Une armée composée d'aussi bons tireurs que ces deux Rois, supposé qu'il fût possible d'en composer une pareille, auroit bientôt conquis l'univers.

En parcourant la forêt du *Pardo*, ma mule a pensé écraser à chaque pas des lievres, des lapins, & des perdrix: j'y ai vu plusieurs troupeaux de cerfs & de daims. Chacun de ceux qui battent les buissons autour de la forêt reçoivent régulierement deux reaux par jour, par tête, pour leur peine: je m'imagine que cet argent est la principale ressource de ces paysans dont les terres m'ont parues très-stériles. J'ai été jusqu'à un village nommé *St. Augustin*, & j'ai passé au travers d'un second pour revenir à Madrid, qui se nomme *Alcovendas*. Je suis sûr qu'il ne s'en trouve point d'aussi chétifs dans tout le Piémont: à *Alcovendas* surtout, on ne rencontre pas une seule habitation qui mérite le nom de maison. Je ne peux l'appeller qu'un amas de chaumieres, formées par des murs de boue, très grossiérement couvertes de paille. Il y en a peu qui aient plus d'une chambre à rez de chaussée, quoiqu'habitées par des familles assez nombreufes. La cheminée eſt ordinairement placée au milieu de la chambre, & il y a un trou au milieu du toit qui fert d'iſſue à la fumée. Vous comprendrez aiſément que les ameublemens doivent être aſſortis à ces bâtimens. Quelques aſſietes & quelques pots de terre, accompagnés de deux ou trois paillaſſes, compoſent à peu près toutes leurs richeſſes. Les cochons & les poules entrent & fortent tout à leur aiſe, & paroiſſent vivre dans la plus grande familiarité avec leurs maîtres.

Ma promenade m'a pris près de cinq heures; je fuis pourtant revenu aſſez tôt en ville pour diner; vû qu'il n'auroit pas été facile de fe procurer de quoi manger à *St. Auguſtin* ou à *Alcovendas*. J'étois dans l'intention à mon arrivée à Madrid, d'aller auſſi à Saint *Ildefonſe*, & à *l'Eſcurial*; je fuis perſuadé que chacune de ces deux maiſons me fourniroit de quoi remplir une longue lettre; mais j'ai réfléchi que ſi j'y allois, je ferois obligé de revenir une feconde fois ici, pour y arranger mon départ; & à vous dire le vrai, je fuis tout à fait raſſaſié de Madrid: mon mal de tête n'eſt plus ſoutenable. Les habitans de cette ville font honnêtes, & francs, j'aimerois à vivre plus longtems avec eux, mais l'horrible puanteur de leurs rues me chaſſe. En conséquence j'ai résolu de la quitter après demain, pour n'y revenir que lorsque je saurai que le Roi l'aura fait nettoyer : on assure que cela doit s'exécuter dans peu.

Le nouveau grand chemin de Madrid au *Pardo*, a été tracé en partie depuis peu au travers de la forêt. Mais le Roi fait tant de cas des gros arbres, qu'il n'a pas voulu qu'on coupât ceux qui se trouvoient sur cette route. En conséquence il s'en manque de beaucoup qu'elle ne soit en ligne directe : elle est en Zigzag dans différens endroits où l'on en a voulu conserver quelques-uns. A environ une lieue de la ville se voit un vénérable chêne, qui occupe exactement le milieu du grand chemin que les ouvriers ont été obligés de faire passer aux deux cotés ; le Roi ne manque jamais de regarder cet arbre avec complaisance toutes les fois qu'il passe auprès. Il se rappelle & dit souvent lui avoir sauvé *la Vie* (la Vie du chêne) & l'appelle son arbre : avouez que cela peut s'appeller bonté.

LETTRE LX.

Aveugles chantants & jouants des instruments. Habillements du Majo. Divertissemens du Carnaval. Description du nouvel Amphithéatre. Trois cents couples dansants à la fois. Etrange effet du Fandango. Maniere de s'adresser à quelqu'un. Gardes du Corps. Gardes Hallebardiers. Garnison de Madrid. Tables des pauvres. Tables des riches. Poisson de Valence. Bois à bruler, & charbon de bois. Mariages prématurés & pourquoi. Enterremens. Images montrées par des prédicateurs. Coliques & mauvaises dents.

Madrid, 13 Octobre 1760.

LA mort de la Reine n'a pas seulement inondé cette ville d'une quantité prodigieuse de sonnets imprimés, mais encore ses louanges retentissent dans toutes les rues, où elles sont chantées par des Mendians aveugles en *Coplas* & *Seguedillas*. Hier au soir, me retirant à ma *Locanda* de beaucoup meilleure heure qu'à l'ordinaire, pour me préparer à partir demain. J'ai fait appeller une de ces troupes qui chantoit sous mes fenêtres. Elle consistoit en trois hommes & en un jeune garçon; il ne leur restoit pas entr'eux quatre un seul œil. Deux de ces aveugles jouoient de la guitarre, un autre du violon, & le quatrieme du violoncelle. Si je ne les avois pas vu, j'aurois eu peine à m'imaginer qu'ils fussent aveugles en les entendant jouer; & j'aurois cru qu'ils avoient un livre de musique devant eux, tant ils jouoient en mesure. Ils se sont assis dans la salle, & après une symphonie bien exécutée, ils ont chanté alternativement plusieurs stances de différentes mesures, quelques-unes préméditées & d'autres impromptues. Je les ai fait commencer par les louanges de la Reine, ils en ont dit les choses les plus extraordinaires: outre le grand nombre de vertus chrétiennes & morales qu'ils lui ont attribuées, ils ont ajouté qu'elle étoit *una blanca rosa* (une rose blanche) *uno palido alheli*, (une pale giroflée) une *eau courante*, un *coursier rapide*, une *étoile brillante*, & enfin:

La mas res-plande ciente
Diosa en el Cielo.

La plus resplendissante Divinité du Ciel.

Quel mélange d'images ! Cependant ne me traitez pas de fot lorſque vous me voyez m'efforcer à vous peindre des gens du peuple, & à decrire de petits objets. Il faut obſerver la maniere de penſer, & les mœurs du vulgaire dans chaque pays, pour pouvoir ſe former une juſte idée de la nation qui l'habite. D'ailleurs le peu que je connois de la nature humaine, je le dois principalement à l'attention avec laquelle je me ſuis attaché à examiner les hommes du plus bas étage, qui ont certainement une habileté toute particuliere & qui ne le cede en rien à celle des gens au-deſſus d'eux, pour ſe dérober aux obſervations : cette habileté eſt trop viſible pour qu'elle puiſſe échaper à des yeux clairvoyants, ſi je pouvois ſejourner ici quelque tems, j'aurois la plus grande attention à me mettre au fait de toutes les marques caracteriſtiques que l'on rencontre chez la populace; & ſur-tout chez cette eſpece que l'on diſtingue par le nom de *Majo* (il faut prononcer *Mako* comme s'il y avoit une forte aſpiration ſur l'J.) qui à ce que je m'imagine eſt un eſpece de perſonnage bas qui eſt un compoſé du poiſſard Pariſien & du *petit maître* de la cité de Londres. Pour mieux expliquer mon idée je dirai que le *Majo* de Madrid eſt un homme du peuple, qui s'habille proprement, affecte

affecte la démarche d'un homme du bonton, a l'air fier & menaçant; & ne laisse passer aucune occasion sans lâcher quelque fade plaisanterie. Ces qualités sont communes aux deux sexes: le Majo & la Maja, diront à tout moment, en parlant: *por vida de Dios, par la vie de Dieu.* Vous assurez par exemple que la journée est belle, le *Majo* confirmera cette observation en disant: *par la vie de Dieu*, cela est vrai, la journée est très-belle.

Il y a parmi notre populace, m'a dit *Dona Paula*, nombre de *Majos* & de *Majas:* & lorsque que nous nous masquons en Carnaval, leur habillement est celui que nous préférons généralement aussi bien que leur caractere. Cet habillement consiste pour les hommes en une veste, & des culottes bien justes, en des bas blancs, & des souliers blancs liés avec un ruban blanc au lieu de boucles, les cheveux ramassés dans un filet de plusieurs couleurs, & un *Montera* par dessus, en guise de chapeau. Le *Montera* est un bonnet de velours noir, d'une coupe toute particuliere, qui est parfaitement juste à la tête, & couvre les oreilles. L'habillement de la *Maja* est une jaquette bien serrée, assez ouverte par devant pour former deux gros pendants sous le sein, qui ressemblent un peu à des ailes, avec des manches fort justes aux poignets, une jupe courte, il n'importe de quelle couleur, un tablier noir, un mouchoir rayé couvrant exactement tout le cou, avec le filet & le *Montera* parfaitement semblables à ceux du *Majo*. Les coutures des deux habillemens ne sont point cousues; mais sont jointes par des rubans entrelassés. Tel est à peu près le vêtement de nos *Majos* & de nos *Majas*, les jours de fête; & je peux vous assurer qu'une jeune personne bien faite est fort agréable dans un pareil habillement.

Ainsi donc, lui ais-je dit, vous vous masquez en Carnaval? Je vous prie, ma chere Dame, dites moi quelque chose de vos déguisemens. Courez vous les rues en masques, comme autant de Bacchantes, ainsi que nous faisons dans presque toute l'Italie durant ce tems?

C'est l'usage parmi le peuple, m'a répondu cette Dame: mais les honnêtes gens ne le suivent pas. Ils se font réciproquement visite en Carosse, & ils tâchent de se déguiser de maniere à embarasser quelquetems leurs plus intimes amis, & à leur donner quelque peine avant que de pouvoir en être reconnus; ce qui cause quelquefois de plaisantes méprises. Nous donnons plusieurs bals masqués pendant le Carnaval, où l'on admet tous ceux qui font décemment vêtus. Quand à nos habits de masque, chacun suit sa fantaisie. Outre ceux de *Majos*, plusieurs ont des *Dominos*, & un plus grand nombre encore a du goût pour les différentes manieres de s'habiller qu'on suit dans plusieurs des Provinces de la Monarchie. Dans les Bals un peu nombreux cette façon de se masquer produit une grande variété de déguisemens. L'on y voit le *Catalan*, le *Gallicien*, le *Valencien*, & *l'antique Espagnol*. Ainsi que le *Serrano* & le *Culipardo*; c'est-à-dire les habillemens dont on fait usage dans les montagnes de la *Vieille Castille*, & en *Andaloussie*. Ceux-ci portent différentes reliques, & des *Agnus Dei* de cire, pendus au cou, renfermés dans de petites boites d'argent.

Mais il n'est pas en mon pouvoir de vous décrire les différentes formes, & les caracteres de nos habits de Carnaval; à peine trouve-je des expressions propres à vous les faire concevoir. Il suffit de vous dire, que nous tâchons en pareilles occasions de nous surpasser en invention & en élégance, & point du tout en magnificence; l'or, l'argent & les diamants nous étant interdits avec l'habit de masque.

Nous allons généralement aux Bals du Carnaval, & à nos autres assemblées de pur amusement, ajouta Dona Paula, *in Parejas*; c'est-à-dire chacun avec sa chacune, tous deux déguisés, & vêtus en personnages de la même espece, savoir le *Majo* avec sa *Maja*, le *Serrano* avec sa *Serrana*, & ainsi de suite. Mais en dansant, presque tout le monde ôte son masque, ce seroit un signe de mépris pour la compagnie que de le garder.

Pour épargner au lecteur l'ennui d'une trop longue note. Je juge à propos d'ajouter ici, que depuis la date de la présente lettre, les coutumes que l'on suivoit en Carnaval ont souffert quelque altération à Madrid, le Roi y ayant fait construire une très-grande salle, nommée l'Amphithéatre; où des milliers de personnes se rendent deux fois par semaine pendant tout le Carnaval. Tout masque y est admis en payant vingt réaux (environ six francs) & y passe toute la nuit aussi agréablement qu'il se peut dans un pareil lieu. La place destinée pour la danse est assez spacieuse pour que trois cents paires puissent y danser à la fois: les sieges sont placés tout autour, disposés en Amphithéatre; avec trois vastes galeries au-dessus, qui peuvent contenir cinq ou six mille autres personnes. La salle a quatre grands escaliers aux quatre coins, qui conduisent aux galeries, & à différens appartemens très-vastes, où l'on peut se faire servir à soupé en viandes chaudes ou froides à son choix, ainsi que du caffé, du chocolat, de la limonade & d'autres rafraichissemens, le tout à très-bon marché; un nombre considérable de Domestiques, tous vêtus de même en habits pompadour, sont là, prêts à servir ceux qui demandent quelque chose : outre ces commodités, il y a encore deux grandes chambres dans chacune desquelles sont quatre lits, l'une pour les hommes & l'autre pour les femmes, qui se trouveroient tout d'un coup incommodés; des Médecins & des Chirurgiens préposés à cet effet sont toujours prêts à remplir leurs fonctions : il y a encore quatre maîtres à danser chargés de diriger les contredanses, & de montrer les différentes positions à ceux qui ne les savent pas bien. Je ne dois pas non plus oublier de parler de deux petites chambres qui ont des inscriptions sur la porte, l'une est: Jaula por los Paxaros, & l'autre Jaula por las Paxaras. C'est-à-dire, Cage pour les oiseaux mâles, Cage pour les oiseaux femelles. Si quelqu'un faisoit du bruit, ou se conduisoit d'une maniere indécente, il y seroit renfermé pendant toute *la nuit par la garde qui est de service à la porte d'entrée.*

J'ai vu près de six cents personnes danser à la fois le *Fandango* dans cet Amphithéatre : il est impossible de donner une juste idée de cet amusement enchanteur. L'enthousiasme dont les Espagnols sont saisis au moment que l'on commence à jouer l'air du *Fandango*, ne sauroit se concevoir. J'en ai vu des centaines qui étoient à souper, quitter sur le champ la table, descendre en courant l'escalier, entrer confusément au lieu où l'on dansoit, regarder autour d'eux pour chercher une compagne qu'ils trouvoient en un instant, l'homme & la femme se mettoient à danser avec une vivacité qu'on ne sauroit décrire, & si la place étoit assez spacieuse, il ne resteroit pas un seul spectateur. Ceux qui sont réduits à l'être, (& ils ne le sont que malgré eux) regardent avec admiration de leurs sieges en bas, ou de dessus les galleries, avec les yeux étincellans & les membres tremblans : ils animent ceux qui dansent par des cris & des battemens de mains. On trouve un petit livre intitulé *Bayle de mascaras* &c. imprimé à Madrid en 1763. qui contient l'ordre qu'on doit observer à l'Amphithéatre. Si quelqu'un venoit à manquer à la moindre de ces ordonnances, il feroit fur le champ confiné dans l'une des Cages. La bande des muficiens qui y font employés eft compofée de quarante Inftruments, qui jouent alternativement vingt à la fois; de forte que la danfe n'eft jamais interrompue tant que la nuit dure, c'eft-à-dire depuis neuf heures du foir jufqu'à fix heures du matin.

La facilité que ce lieu procure pour l'amufement des habitans de Madrid, a prefque anéanti leurs affemblées particulieres & leurs bals domeftiques, qui paroiffent infipides comparés à ceux de l'Amphithéatre. Les profits qu'y produifent les foupers & les rafraichiffemens, fuffifent à défrayer les dépenfes; par conféquent tout l'argent qu'on perçoit à la porte (près de fix livres ainfi que je l'ai dit, par perfonne,) fert à l'embelliffement des promenades publiques de la ville. Ce gouvernement a fagement fait fervir un amufement public à une utilité publique, & le *Comte d'Aranda*, qui en a été l'inventeur l'a pris fous fa direction immédiate : il ne manque jamais à s'y trouver tous les foirs, pour empêcher qu'il ne s'y commette aucun défordre qui trouble la fête.

Parmi les différens ftatuts que l'on a établis, il y a une loi expreffe qui interdit tout or & tout argent fur les habits; il eſt auſſi défendu aux Dames de porter d'autres diamants qu'une bague au doigt : le réglement met tout le monde à peu près ſur un pied égal ; pour augmenter encore cette égalité ; on y a auſſi introduit l'uſage de ſe parler les uns aux autres, ſans aucune diſtinction de rang ou de ſexe, en ſe ſervant de la ſeconde perſonne du ſingulier, c'eſt-à-dire, du ſtile uſité dans toute l'Eſpagne lorſqu'on parle aux gens du plus bas étage, ou à ſes intimes amis. De cette façon la Ducheſſe & les grands de la premiere Claſſe, deſcendent de l'élévation où les place leur rang, pendant toute une nuit ; leurs domeſtiques même ſemblent l'oublier, ainſi que ceux qui hors de l'Amphithéatre ne ſeroient jamais aſſez hardis pour leur adreſſer la parole ſans leur donner le titre de *Voſſelencia* (abréviation de votre Excellence.) Mais cet oubli momentané de leur grandeur, ſe trouve amplement récompenſé par la gaieté & la liberté qu'occaſionnent cette eſpece d'égalité. Reprenons à préſent le fil de notre lettre.

Ayant écouté pendant quelque temps les quatre aveugles qui chantoient les louanges de la Reine, & m'appercevant que la ſalle de la *Locanda*, commençoit à ſe remplir de gens, qui étoient accourus pour entendre le chant & les inftrumens : Je leur ai dit de jouer le *Fandango*. Tous ceux qui fe font trouvés prétens fe font mis fur le champ à danfer; mais à leur grande mortification l'hôte, le *Seigneur Zilio*, eft venu en courant nous interrompre : *Corpetonazzo*, s'eft-il écrié dans fon langage, en m'adreffant la parole; ordonnez à ces drôles de fe taire ou nous fommes tous perdus. Ne vous fouvient-il plus que la Reine vient de mourir, & que vous êtes dans une Auberge? Je vous prie, de leur impofer filence, ou les *Alguazils* feront ici dans une minute & ils nous emmeneront tous au Diable.

Cette remontrance m'a parue très-convenable, j'ai renvoyé les aveugles après leur avoir diftribué quelques réaux, & j'ai été fouper; au grand déplaifir de quelques jeunes filles des maifons voifines, qui s'étoient raffemblées au fon des inftrumens, & dont les talons commençoient à fe remuer, ainfi qu'il arrive toujours dans toute la contrée dès qu'elles entendent leur cher *Fandango*.

Que me refte-t-il encore à vous dire ? La premiere chofe fûrement qui me paffera par la tête, & fans m'embarraffer que mes tranfitions foient bien amenées, n'étant pas possible de joindre des matieres d'une nature tout à fait différente, sans employer un plus grand travail sur la maniere de les faire qu'elles n'en valent la peine.

Les Espagnols ont des façons de parler, en s'adressant aux Dames, qui paroîtroient ridicules dans toutes les langues que je connois. Lorsqu'ils s'approchent d'elles, ils ne leur disent pas qu'ils sont leurs très-humbles *serviteurs*, leurs *très-obéissants*, &c. ainsi que cela se pratique en Italie, en France ou en Angleterre; mais qu'ils leur *baisent les pieds* ou *se mettent à leurs pieds*, & lorsqu'il prennent congé d'elles, ils les supplient, de *les laisser à leurs pieds* ou *sous leurs pieds*. Elles payent de leur côté ce compliment par celui-ci, *puissiez-vous vivre mille années*, ou *allez avec Dieu, allez avec la Vierge Marie*, & lorsqu'elles veulent témoigner du respect, elles disent *qu'elles leur baisent les mains*: vous trouverez peut-être que les Espagnols poussent trop loin la politesse, surtout les compliments que les hommes font aux femmes ; mais l'usage général affoiblit considérablement le sens littéral des mots flatteurs dans tous les pays, & l'humilité de leurs expressions ne fait aucun tort à cette grande familiarité qui est si commune ici entre les deux sexes.

Je vous ai dit hier, que toutes les fois que le Roi fortoit de la ville, une demie douzaine de fes *Gardes du Corps* précédoit fon Caroffe à cheval. Ce corps confifte en trois Compagnies de deux cents hommes chacune, on les diftingue par les noms de Compagnie *Efpagnole*, de Compagnie *Italienne*, & de Compagnie *Flamande*, d'après celui des différentes nations qui les compofent. Leur uniforme eft bleu célefte, galonné en argent. Chacun de ces individus eft fuppofé être de la *premiere nobleffe, vieux Chrétien, & exempt de tout mauvais fang*. J'ai fçu me procurer la lifte des différens articles que le Roi leur fournit, parmi lesquels il y en a quelques-uns qui pourront vous paroître finguliers. En voici la copie.

„ Tous les deux ans un uniforme; c'eft-
„ à-dire habit, vefte, & culottes.

„ Un ceinturon & une bandouliere tous les deux ans.

„ Une épée à garde d'argent en entrant,
„ que l'on eft tenu de rendre à la Com-
„ pagnie en cas de mort, ou en quittant le
„ corps.

„ Un chapeau bordé avec une Cocarde
„ de crin teint en rouge, tous les deux
„ ans.

„ Deux verges de ruban noir, & une

„ rosette de ruban noir chaque année
„ pour la queue.

„ Une paire de bas de laine rouges par
„ année.

„ Un quart de verge de mousseline par
„ année, pour un col.

„ Une paire de gands de peau annuel-
„ lement.

„ Une dragonne en soye annuelle-
„ ment, pour l'épée; *rouge* pour la Com-
„ pagnie Espagnole, *verte* pour l'Italien-
„ ne, & *jaune* pour la Flamande.

„ Quarante cinq réaux tous les deux ans
„ pour deux chemises.

„ Une livre de charbon par jour, &
„ sept chandelles & demie par mois."

La solde de ces gardes n'est que de cent quarante réaux par mois; de sorte que ceux qui n'ont rien de chez eux sont assez à plaindre, ainsi que vous pouvez facilement vous l'imaginer, quoique chaque Compagnie ait le privilege d'avoir son propre boucher qui lui fournit la viande un peu au-dessous du prix ordinaire.

Ce sont tous des hommes choisis, jeunes & robustes, il est même nécessaire qu'ils soient tels, car l'exercice qu'ils font en galoppant devant le Roi & la famille Royale est très-violent. Il sont tous logés dans des *Quarteles*, (*Barraques*,) quelque part

LONDRES A GÊNES. 141

que le Roi se trouve; ils sont deux, trois, &
jusqu'à quatre dans une chambre, dont l'ameublement n'est presque composé que de leurs
lits: c'est-à-dire d'autant de matelats que
d'hommes: ces matelas ne sont point trop
tendres, étant rembourés d'étoupes grossieres; on donne à chacun une paire de
draps, qui ne sont pas des plus fins, qu'on
lave tous les mois. Il est inutile de vous
dire que les Officiers de ce corps sont tous
de la premiere distinction.

Ces trois Compagnies de Gardes à Cheval, ainsi qu'une autre d'Infanterie nommée *Gardes Hallebardiers;* sont presque
(16) les seules troupes que l'on voie dans

---

(16) Depuis la datte de cette lettre, la situation de Madrid est prodigieusement changée à cet égard: La révolte
inopinée des habitans contre l'odieuse administration du
Marquis de Squillace, arrivée le 23 Mars 1766, a été cause que l'on a mis dans cette ville une garnison de dix
mille hommes; depuis lors le Roi n'en sort plus, comme il
faisoit ci-devant, sans presque aucune garde; actuellement
deux files de soldats bordent les rues par où il passe, à
commencer de la grande porte du Palais jusqu'à plus d'une demie lieue dans la Campagne. Ses dix mille hommes sont logés dans différens quartiers, & font la patrouille
dans la ville tant à pied qu'à cheval, ces patrouilles occupent plusieurs centaines d'hommes chaque nuit. Vous
vous imaginez bien que le peuple de Madrid n'essayera plus
de se soulever, ayant dans ses murs un corps aussi formidable de troupes réglées pour le contenir. Malgré cela

cette paisible Capitale. Les *Hallebardiers* sont chargés de la garde de la partie inférieure du palais, & les *Gardes du Corps*, font faction dans les appartemens du haut : si vous desirez un état distinct des forces de terre & de mer actuelles de ce Royaume, vous n'avez qu'à vous procurer un Almanach Espagnol, où vous verrez qu'elles se montent en tout à environ cent cinquante mille hommes.

Les vivres ne sont pas aussi chers dans cette ville que je l'aurois cru, relativement à sa population, & à sa situation au milieu d'une province qui n'est rien moins que fertile. Une pauvre famille composée de cinq ou six personnes peut se procurer journellement le pain, la viande & le vin necessaires pour sa subsistance à un real par tête. Le pain est ici aussi bon qu'en tout autre pays, mais le vin dont le commun peuple fait usage pour sa boisson n'est point du tout de mon goût. Le bœuf, le veau & la volaille sont rarement assez bon marché pour que le pauvre puisse en acheter; mais le porc & le mouton ne sont

---

il parvint dans le tems à son but; le détesté Squillace fut forcé de quitter le Royaume, on ne mit point l'impôt sur le pain, qu'on avoit projetté, & qui fut le principal prétexte de la révolte.

point chers. La nourriture ordinaire du peuple confifte en mouton frais & falé, en cochon, bouillis enfemble avec des feves feches, des pois chiches, des oignons, & en herbes potageres.

Les jours maigres il fe nourrit de morue, & de fardines, qu'il apprête de différentes manieres; mais toujours avec une fi grande quantité de *Pimienta* (poivre d'Efpagne) qu'il eft difficile à un étranger de pouvoir fe faire à un pareil mets. Les plus pauvres ne vivent prefque que des diftributions de vivres que font ici plufieurs couvents tous les jours de l'année: par ce moyen le mendiant eft affuré d'un pain & d'une écuelle de bouillon fouvent accompagnée d'un morceau de viande; ce pourroit bien être la principale-raifon du peu d'importunités que l'on effuie de la part de ces gens-là dans les rues.

Quant aux tables des riches, elles font auffi fomptueufes que partout ailleurs. Un grand de la premiere claffe me difoit l'autre jour, qu'il étoit obligé de dépenfer plus de la moitié de fes revenus pour l'entretien de fa table, & fes revenus montent cependant à quinze mille livres fterling; il n'a pu me donner aucune raifon de cette prodigalité, finon que c'eft l'ufage d'en agir ainfi, & que tout le monde fait de même. Le poisson seul lui revient à deux mille livres par année : il faut que vous sachiez que Madrid est obligée de tirer celui de mer de Valence, qui en est éloignée de près de soixante & dix lieues.

Les deux articles les plus chers à Madrid sont, à ce qu'il me paroît, le bois à bruler & le charbon. Les cent livres pesants de l'un & de l'autre coutent environ six francs. C'est ce qui fait que les cheminées sont si peu de mode ici. Les pauvres pendant l'hyver se chauffent au soleil, enveloppés jusqu'au nez dans leurs amples *Capas* & les riches sont assis autour d'un mortier placé au milieu d'une chambre, & plein de charbons bien allumés.

Vous pouvez avoir oui dire, que les peres & les meres de ce pays marioient leurs filles beaucoup plutôt que l'on ne les marie ailleurs ; il est réellement très-ordinaire de voir de jeunes personnes liées par le Sacrement qui ont à peine atteint leur douzieme ou treizieme année : parmi nombre de raisons que les parens ont pour ces mariages prématurés ; en voici une qui me paroit sans replique, c'est que les jeunes femmes peuvent aisément se procurer le mari qu'elles veulent sans leur demander leur consentement. Celle qui a du goût pour quelqu'un, lui remet une bague, ou

tout

tout autre gage du defir qu'elle a de devenir fa femme, & l'affure qu'elle n'aura pas d'autre mari que lui. Le jeune homme va trouver fon curé, lui fait part de l'envie qu'il a d'époufer une telle femme, lui montre le gage qu'elle lui a donné de fon amour, & le requiert d'accélérer la conclufion de ce mariage. Le curé va chez les parents de la fille, la fait appeller en leur préfence, lui montre le gage qu'elle a donné, & lui demande s'il eft vrai qu'elle veuille prendre un tel pour fon mari. La Demoifelle répond affirmativement, & les parens font forcés de confentir fouvent à fon mariage avec un homme qu'ils n'auroient jamais voulu admettre dans leur famille. S'il leur paffoit par la tête de s'oppofer à la volonté de leur fille, le curé la conduiroit dans un couvent, où elle feroit retenue pendant quelques jours fans pouvoir recevoir de vifites de fon amant; & fi pendant ce court efpace les parents ne pouvoient parvenir à la faire changer de fentiment, le mariage auroit lieu malgré toutes leurs oppofitions. On m'a conté qu'un cuifinier françois, enleva il y a peu de jours, de cette maniere, la fille d'un Avocat qu'il fervoit. Cette loi ne s'étend néanmoins pas jufqu'à la principale nobleffe: les filles de condition ne parviennent pas fi facilement à fe procurer pour maris les hommes qui leur plaifent : mais parmi la claffe mitoyenne & celle du dernier rang, Je fuis convaincu qu'il fe contracte tous les ans un grand nombre de ces mariages de caprice fans que cela étonne perfonne ; on les regarde comme quelque chofe de fort ordinaire.

Un autre privilege que les jeunes femmes ont ici, & dans tout le Royaume, c'eft que lorfqu'elles fe trouvent enceintes, elles font auffi très-fures d'être promptement mariées, l'homme qu'elles accufent de les avoir engroffées doit les époufer fur le champ, ou être conduit en prifon, & y fouffrir plus de tourmens qu'il ne fauroit en fupporter. Je ne déciderai point jufqu'à quel degré pareilles loix & pareilles pratiques peuvent contribuer au bon ordre & à l'avantage général de la fociété ; mais on peut croire avec quelque apparence de raifon, que les Efpagnols ne s'apperçoivent pas qu'il en naiffe de grands inconvéniens, au prejudice du bonheur public, fans cela ils ne tarderoient pas à les abolir, n'étant pas poffible pour une nation de laiffer fubfifter longtems une loi ou un ufage, qui cauferoit du défordre, & feroit nuifible.

Il fe trouve parmi les loix Efpagnoles

une loi qui me paroît excellente, qui est que le fils aîné d'un grand ne sauroit épouser l'héritiere d'un autre grand. Nous avons ici la Comtesse de *Bénévent*, dont la fille héritera de cinquante mille pistoles de rente, conformément à cette loi, elle doit épouser le second fils du *Duc d'Opuna*, qui comme cadet n'a rien à prétendre. Si le fils aîné de ce Duc avoit pu être son mari, il auroit été le sujet le plus opulent de la chrétienté, mais la loi l'obligera à épouser une fille qui ne sera pas mieux partagée que son cadet : de cette façon l'Espagne aura deux familles au lieu d'une, toutes deux assez riches, ce qui vraisemblablement ne seroit pas sans cela.

Ici, comme en Italie, les morts sont portés en terre le visage découvert, & toujours précédés d'une longue procession de prêtres, & de gens chantant des pseaumes & des litanies en marchant, portant des cierges allumés à la main. Les grands sont revêtus de leurs habits de cérémonie, dans lesquels on les enterre; le reste du peuple est couvert de robes de moines & de religieuses; les jeunes personnes & celles qui n'ont pas été mariées, ont une couronne de fleurs artificielles sur la tête. Vous vous imaginerez sans peine que le nombre des prêtres & des cierges est proportionné aux facultés des familles qui décident du plus ou du moins de pompe de ces convois funebres.

On ma dit, que les moines avoient depuis peu introduit ici l'ufage de prefenter des images à leurs auditeurs vers la fin de leurs fermons, afin de donner une plus grande efficacité à leurs difcours Un moine, par exemple, après avoir donné carriere à fon éloquence avec toute la chaleur imaginable, fur les tourments de l'enfer, fera figne à quelqu'un de fa fuite, de lui apporter l'image qui reprefente les Diables enfonçant des fers rouges & aigus dans le corps des pécheurs. Les Diables, comme vous pouvez bien vous l'imaginer, font peints fous des formes très-effrayantes, avec des cornes, des griffes, & des queues de ferpent. Les ames font reprefentées par des filles, uniquement parce que le mot âme eft du genre féminin dans cette langue ainfi que dans plufieurs autres. Le Reverend Pere plantera une torche allumée devant l'image, afin qu'elle foit mieux vue par les fpectateurs; & de la voix la plus tonnante il menacera les impénitens de tourments éternels, femblables à ceux que le peintre a tracés. Les prédicateurs anglois fe contentent d'engager les hommes à renoncer à leurs péches;

mais les Espagnols voudroient les convertir par la terreur. C'est dommage que l'auteur de *Fray Gerundio*, n'ait pas été encouragé dans son projet de réformer la chaire en Espagne. Cette pratique, qui est ici tout à fait nouvelle, lui auroit fourni la matiere d'un Chapitre pour la seconde édition de son ouvrage.

Ici finit la rélation de ce que j'ai vu & entendu pendant la semaine, que je viens de passer dans cette noble Capitale. J'espere que vous trouverez mon temps assez bien employé. Il est certain que ma relation auroit été beaucoup plus longue & plus intéressante, sans la saleté & la puanteur qui me chassent. C'est à cette cause que les médecins attribuent une espece de colique souvent mortelle, que l'on peut nommer la peste particuliere de Madrid. Un autre déplorable effet de cette puanteur est la perte totale des dents des habitans de cette Capitale. Les Espagnols hors de Madrid ont généralement des dents dont la blancheur mérite l'épithete poëtique d'yvoire. Mais ici c'est tout le contraire. C'est grand dommage, surtout à l'égard des femmes dont les yeux noirs, l'air enjoué, & la vivacité feroient capables, sans la laideur de leurs bouches, de subjuguer Xénocrates même.

LETTRE LXI.

Places dans toutes les villes pour les combats de Taureaux. Cruauté naturelle à l'homme. Femme charitable. Petites Chapelles à côté des grands chemins. Colleges ruinés ou en ruines.

Alcala de henarez, 14 Octobre 1760.

J'ai quitté Madrid ce matin sur les huit heures, ce n'a pas été sans regret ; n'ayant rencontré personne dans cette ville qui n'ait cherché à m'obliger. Hors de la porte par laquelle je suis sorti, est un amphithéatre d'une vaste étendue, où l'on donne plus fréquemment des combats de taureaux que dans la *grande Place*, dont j'ai déjà fait mention.

Il paroit que ces combats, ainsi que le Fandango, sont les plus fortes passions des Espagnols. Ils n'y a pas une seule ville dans ce Royaume, qui n'ait une place destinée à ces combats, les étrangers ainsi que les gens du pays m'ont répété plusieurs fois, que même les plus pauvres habitans des plus chétifs villages, hors d'état de faire la dépense qu'exige l'achat d'un taureau se cotisoient souvent pour se procurer un bœuf ou une vache, & les combattre montés sur des ânes à défaut de chevaux ou d'autre monture. Autrefois il n'étoit permis qu'aux Gentilshommes de combattre un taureau à cheval; mais le tems a aboli cette loi; actuellement ce genre de combat est le partage des gens du plus bas étage: néanmoins il arrive encore quelquefois que des gentilhommes hazardent leur peau aux atteintes des cornes d'un taureau pour montrer leur courage ou se rendre agréables à leurs maitresses, surtout aux combats de la *place majeure* auxquels le Roi & toute la cour ne manquent jamais d'assister.

Je n'ai pas le tems de remonter en historien jusqu'à l'origine de ces combats: ils doivent certainement leur existence à la cruauté, ou je suis bien trompé. Le penchant à la cruauté est naturel à l'homme, & l'un de ceux qui le caractérisent. Vous êtes étonnés & fachés en même temps d'une pareille proposition; cependant quoique dure, elle n'est pas moins véritable, témoin le plaisir que nous avons à faire du mal avant d'avoir atteint l'âge de raison, témoin la multitude brutale qui court avec empressement pour voir des spectacles sanglans & dangereux ; témoin les combats des athletes chez les Grecs, les blessures des gladiateurs chez les Romains &c. la foule contemple avec ravissement un *volo* (17) périlleux, ou les coqs se perçant mutuellement les côtés ou l'estomac avec un acier aigu; la foule environne le malheureux qu'on va étrangler, rompre vif, ou bruler. Ces inclinations ne nous sont-elles pas naturelles, & ne prouvent-elles pas une cruauté innée ? Si ce n'étoit l'éducation qui la contient, quelle abominable race ne ferions-nous pas !

Telles ont été les idées qui m'ont occupé en voyant cet amphithéatre: peu après l'avoir quitté nous avons traversé le *Manzanarès*, & une lieue plus loin une autre petite riviere qui porte le nom de *Xarama*. On assure que le Roi est dans l'intention de les joindre, & de faire servir les eaux réunies de ces deux rivieres aux progrès de l'agriculture. Si cela venoit jamais à s'exécuter le pays d'alentour ne paroi-

---

(17) Spectacle Italien, dans lequel un homme se hazarde à descendre le long d'une corde, dont l'un des bouts est attaché à la cime d'un clocher, & l'autre au bas de quelque bâtiment vis-à-vis. Il est quelquefois arrivé à ces drôles de lâcher prise, & ils se sont mis en pieces en tombant.

roîtroit pas auſſi aride & auſſi deſert qu'il le paroît actuellement, étant entierement ſablonneux, & deſtitué d'arbres.

A deux lieues par delà le *Xarama*, ſe trouve un chétif village nommé *Torréjon de ardoz*, environné d'un petit nombre de jardins potagers, & de champs: nous nous y ſommes arrêtés pour nous rafraîchir, & pendant qu'on préparoit une omelette, je me ſuis apperçu que la maitreſſe de la *poſada* ſe tenoit à la porte, les deux mains pleines de *quartillos*, qu'elle diſtribuoit à quantité de pauvres qui s'y étoient aſſemblés pour recevoir ſes aumônes; j'ai pris la liberté de lui demander quel étoit le motif de ſa liberalité. *C'eſt pour les ames du purgatoire* m'a-t-elle répondu ; j'ai déjà remarqué que les *ames* en Eſpagne ſont un des moyens les plus efficaces de reveiller & d'émouvoir la charité. Les prêtres & les mendians leur ont les plus grandes obligations, parce que leurs revenus les plus aſſurés proviennent du deſir que les Eſpagnols ont d'alléger les tourmens des ames du purgatoire, ce qu'ils croient infailliblement effectuer en diſtribuant des aumônes aux pauvres, & en faiſant dire des meſſes. La maitreſſe de *la Poſada*, à ce qu'elle me dit avoit fixé quatre jours de l'année, où elle donnoit de l'argent aux pauvres du voisinage ; le jour d'aujourd'hui est précisément l'un des quatre.

En voyageant en Espagne on rencontre aux côtés des grands chemins des Chapelles qu'on distingue par le nom d'hermitages quoi qu'elles ne soient habitées par aucun hermite, ces hermitages sont très-petits, & n'ont point de fenêtre, ils n'ont d'autre ouverture qu'un trou à la porte, au travers duquel les voyageurs jettent des *Quartillos* & des *Ochavos* en dedans, le tout *pour les ames du purgatoire* suivant l'usage. J'ai mis pied à terre pour en examiner une par le trou de la serrure, mais je n'ai rien pu distinguer de ce qu'elle contenoit, excepté une lampe qui donnoit à peine une foible lumiere. J'ai demandé au Calessero à quoi servoit une lampe allumée dans une Chapelle où personne n'habitoit. *Elle sert à éclairer les saints de bois*, m'a répondu le drôle d'un ton railleur, il faisoit allusion aux saints de bois qu'on place ordinairement dans ces hermitages. Je n'ai pu retenir ma surprise en entendant les expressions hardies de cet incrédule coquin : j'avois cru jusqu'alors que les habitans des campagnes n'osoient jamais faire de plaisanteries sur les saints de bois ; l'ayant sérieusement repris de son étourderie, il a ajouté assez malicieusement, qu'il n'étoit pas Castillan, mais Catalan, & qu'il avoit *Voyagé en France*. Vous avez peu profité de vos voyages, lui ais-je dit, si vous n'avez appris qu'à vous moquer de ce qui est réputé sacré dans votre pays, & je pense que vous feriez mieux de vous attacher à votre religion, pour éviter qu'il ne vous en arrive quelque malheur: il n'appartient point aux Calesseros de plaisanter sur les *saints de bois*, leur devoir est d'avoir soin de leurs mules, & d'éviter de tomber entre les mains de l'inquisition. Cette reprimande à laquelle il ne s'attendoit pas de la part d'un étranger l'a fait rougir, il s'occupe actuellement à gagner Baptiste, pour l'engager à me prier de ne pas le dénoncer à l'Inquisiteur général de *Sarragosse*.

Un moment avant cinq heures nous sommes arrivés à *Alcala*, distante de six lieues de Madrid, nous y sommes entrés par la porte de *St. Jâques*. Laissant à Baptiste le soin de commander le soupé, j'ai été voir la ville. Dans quelques parties elle paroît assez bien, elle a plusieurs rues unies, & une assez jolie place. Son université a été autrefois très-célebre. *Elle a été fondée*, dit l'historien Mariana, *vers la fin du quinzieme siecle par un Archevêque de Tolede, sur le modele de celle de Paris;* ainsi que cette derniere, & que plusieurs autres, elle consiste en un certain nombre de colleges, situés dans différens quartiers de la ville.

Le premier dans lequel je suis entré, se nomme *College du Roi*; parce qu'il a été bâti par Philippe III à ce que m'a dit le portier qui en a la garde. Ce portier en est à présent l'unique habitant il est abandonné depuis longtems, & tombe visiblement en ruine. Les apartemens ci devant habités par les étudians s'étendent autour d'un quarré, décoré d'un double portique.

En sortant de ce College, j'ai rencontré un Augustin à la porte de son couvent, lui ayant fait la révérence, je l'ai prié de me permettre de voir son église & sa maison. Il ma fort honnêtement accordé ma demande & m'a conduit par tout: trois des autels de cette Eglise méritent d'être vus; leur sacristie est surement l'une des plus belles d'Alcala, curieusement ornée de dorures & de peintures. Tandis que je m'occupois à l'examiner, un second moine m'a présenté de la limonade & quelques biscuits; & comme je me préparois à les quitter, après les avoir remercié de leurs politesses, ils ont tous deux voulu m'accompagner pour me faire voir la ville.

Nous avons passé devant l'église des Jésuites, qui étoit déjà fermée. Si l'intérieur est proportionné à l'exterieur elle doit être très-belle. Nous avons ensuite été visiter le *grand College de St. Ildefonse*, le plus superbe édifice d'Alcala. Il consiste en trois vastes cours; la premiere est la plus belle; elle est entourée de trois portiques fort élevés les uns au dessus des autres. Il y auroit assez de place dans ce College, s'il étoit en bon état, pour quatre cents étudians; mais il tombe en ruine, comme celui *du Roi*; de sorte que ceux qui l'habitent actuellement ne sont guere qu'au nombre de quinze ou de seize. Ils portent des robes fort amples & des bonnets quarrés. Ces robes & ces bonnets sont couleur de saffran. J'en ai apperçu quelques uns formant un groupe occupés à disputer très-sérieusement, j'ai remarqué qu'ils faisoient usage de la langue latine, ainsi que cela se pratique en Italie dans la plus grande partie de nos universités; cet usage n'est point du tout de mon goût: il accoutume les jeunes gens à s'exprimer en latin d'une maniere foible & barbare.

Nous avons traversé, les deux Augustins & moi, les trois cours & avons passé tout auprès d'un autre College nommé de *St. Augustin*; qui ne sera plus dans peu qu'un amas de décombres: à côté de ce dernier est celui de *St. Thomas*, qui est pareille-

ment désert, & tombe en ruines. ,, Dans
,, ce College, si l'on en croit la tradition,
,, le grand Cardinal Ximenès a été élevé
,, (me dit l'un des moines) & lorsqu'il
,, parvint à l'archevêché de Tolede, cette
,, université fut dans un état très florissant
,, sous sa puissante protection, vous voyez
,, la situation dans laquelle un petit nom-
,, bre de siecles l'ont reduite. De son
,, temps elle avoit dix mille étudians, à
,, présent à peine en reste-t-il cent. Les
,, longues guerres, l'ignorance & Salaman-
,, que ont enlevé à cette ville ses étudians,
,, & Madrid sa noblesse & ses habitans
,, les plus considérables; de sorte qu'Alca-
,, la, jadis la premiere ville de Castille,
,, est actuellement l'une des plus pauvres
,, du Royaume."

Tout en nous entretenant de cette maniere, nous sommes arrivés au *College de
Malanga*, autrefois un édifice plus spa-
tieux même que celui de *St. Ildefonse*. Il
renfermoit jadis quatre ou cinq cours
entourées de superbes portiques; il se
trouve actuellement au même état que
ceux de *St. Thomas* & *du Roi*, & même
encore plus dégradé. La majeure partie
de ses murailles est tombée dans les sou-
terrains, & un nombre prodigieux d'a-
raignées font leurs toiles dans les crevas-

fes des marches rompues de son principal escalier. Il y avoit dans les commencemens assez de place pour loger mille étudians, il n'y a actuellement qu'un petit coin de cet édifice habité par une demie douzaine.

J'aurois volontiers visité le reste de ces tristes colleges, surtout celui qui porte le nom de College *Irlandois*, dans lequel aucun étudiant n'est admis qu'en prouvant qu'il est né en Irlande, ou dans la Grande-Bretagne, & Catholique ; mais la nuit étant venue ; j'ai été forcé de me séparer de mes honnêtes conducteurs, & de retourner à ma *Posada*. Dans plusieurs universités les habits des étudians sont noirs; mais ici chaque College a sa couleur particuliere qui le distingue. Celle des Irlandois est verte, les moines me dirent que depuis plusieurs années le nombre des étudians de cette nation n'avoit jamais passé douze. Ils entrent ordinairement dans les ordres dès qu'ils ont atteint l'âge fixé, & retournent dans leur patrie pour y faire les fonctions de missionnaires, & tâcher d'y convertir des ames à l'Eglise Romaine. Des dix-neuf ou vingt Colleges qui composent cette université, les deux tiers sont absolument inhabitables, & l'autre tiers dans un état déplorable. Quelle situation pour une ville que tant d'hommes ont tâché d'illustrer par la culture des fciences! La principale caufe de cette trifte révolution me paroît avoir été le défaut d'un revenu fixe & permanent. Ce défaut l'a mife à la difcrétion du tréfor Royal, & cette reffource a été fi précaire que chaque college s'eft graduellement détruit; les Rois d'Efpagne n'y ont apporté aucun remede; ils ont penfé avoir plus befoin de foldats que de favans.

Alcala, portoit chez les Romains le nom de *Complutum* elle ne comptoit au quinzieme fiecle pas moins de foixante mille habitans, fans y comprendre les membres de l'univerfité. A préfent elle n'en a que quatre à cinq mille, dont il y en a fort peu qui foient à leur aife. On m'a affuré qu'une des plus belles maifons de la ville ne fe louoit ordinairement qu'environ vingt fchellings fterlings par année. De loin elle a une affez belle apparence, étant entourée d'un mur morefque, abondamment pourvu de tours, ainfi que *Tolede* & plufieurs autres villes d'Efpagne.

LETTRE LXII.

Productions de quelques Provinces Espagnoles. Vie d'un muletier. Riviere nares. *Manufacture de Draps à* Guadalaxara. *Cuisinier François.* Hermitage *dans une vallée avec une inscription &c.*

Torrixa 15 Octobre 1760.

CE matin je me suis levé longtems avant le jour, & j'ai marché seul jusqu'à la *venta de Meco* qui est environ à une lieue d'Alcala : réfléchissant pendant tout le chemin à la triste destinée de son Université.

Je me suis arrêté près d'une heure à la *venta*, assis sur une chaise branlante devant le feu avec neuf ou dix muletiers, qui y avoient passé la nuit, & se préparoient à portir pour Madrid, ou parmi plusieurs autres choses ils transportent du bœuf & du veau d'Arragon.

J'ai appris par les discours de ces gens, que le bœuf & le veau qu'on mange dans cette Capitale, y venoient principalement d'Arragon, le porc d'Estramadour, le mouton & la volaille de *Tolede* & de *Léon* le poisson de mer, les légumes, & les fruits de *Valence*, le pain de la vieille Caſtille, & le vin & le fromage de la *Manche*. La majeure partie de ces proviſions y eſt tranſportée par des mulets : on voit de longues & continuelles proceſſions de ces animaux allant & venant le long des chemins des environs de Madrid.

Après m'être bien chauffé, la matinée étant très-froide, & avoir avalé une couple d'œufs frais, j'ai pris congé des muletiers, & j'ai été attendre mes Caleſſeros à la *venta de St. Jean*, qui eſt éloignée d'une lieue de celle de *Meco* : elle étoit pareillement pleine de muletiers allant à Madrid & en revenant. Les pauvres gens menent une vie fort dure, ſuivant de jour à pied leurs bêtes, ne ſe nourriſſant preſque que de pois chiches, & de morue qu'ils mangent trois fois par vingt-quatre heures; & dormant la nuit ſur la terre dans les écuries à côté de leurs mules, chacun enveloppé de ſa *manta* ou dans une couverture de mulet, avec un bât ſous la tête en guiſe de traverſin. Autant cependant que j'ai pu m'en appercevoir en les obſervant ſoigneuſement pendant ce voyage, il ſeroit difficile de trouver un ordre d'hommes plus gais & de meilleure humeur que les muletiers Eſpagnols : ils ne paroiſſent preſque jamais fatigués; & malgré leurs longues promenades de jour, ils sont toujours prêts à danser par tout où ils rencontrent des femmes le soir, après avoir pansé, & étrillé leurs bêtes, & donné leur *cevada* ou portion de paille hachée. Il ne sont pas de moins belle humeur en route; ils se raillent les uns les autres autant que la portée de leur esprit le leur permet. Chantant très-souvent en chœur ; cet exercice continuel rend leur voix flexible; de sorte que plusieurs l'ont assez agréable; & qu'il y en a très-peu parmi eux qui l'aient fausse, quoi qu'ils ignorent la musique. Ils ont en général l'air mâle, étant d'une bonne taille, & parfaitement bien faits; un peintre ne dédaigneroit point de peindre leurs visages hâlés, fréquemment ornés de sourcils noirs, de longs nés, & de levres épaisses. Je les ai souvent vu manger & ai envié leur appétit, quoiqu'il s'en faille beaucoup que j'aie sujet de me plaindre du mien depuis que je me trouve en Espagne, à l'exception des huit jours que j'ai passés à Madrid. La plus grande partie d'entr'eux boit plus en un seul repas que je ne boirois en trois jours. Jamais leurs *borrachos* ne se trouvent vuides, cependant ils ne s'enivrent jamais, l'ivrognerie étant le vice que les Espagnols de tous rangs détestent le plus.

Vers les huit heures mes Calesseros m'ont joint & nous avons encore fait trois lieues jusqu'à *Guadalaxara*, ville qui contient entre six & sept mille habitans à ce qu'on m'a dit : environ un demi mille avant que d'y arriver, nous avons traversé la bruyante riviere *Nares* sur un pont de bateaux, parce que celui de pierre, sur lequel on la passoit, avoit été emporté depuis quinze jours par le débordement subit de ses eaux.

L'auberge de *Guadalaxara* est beaucoup meilleure qu'aucune de celles que j'ai vues jusqu'à présent en Espagne. Elle est tenue par un François très-replet, qui, outre une soupe & quelques ragouts m'a servi une paire d'excellentes perdrix, & une broche pleine de petits oiseaux pour mon diné : pendant qu'on le préparoit, j'ai été voir la manufacture de draps, qui est regardée, après celle de *Ségovie*, comme la plus considérable du Royaume. J'y ai compté soixante & quatorze métiers tous dans un seul appartement au rés de chauffée & plusieurs autres dans des chambres au dessus. Le directeur de cette manufacture est un Biscayen très-poli qui m'a conduit par tout, m'expliquant tout ce qui demandoit quelqu'explication. Il m'a montré plusieurs échantillons de draps, &

m'a m'assuré que pendant ces trois dernieres années on y en avoit fabriqué annuellement environ quatre mille pieces. On n'y fabrique que des Draps-superfins ; cependant, suivant ce qu'il m'a dit lui-même, on n'y est pas encore parvenu à les rendre aussi serrés, & d'aussi bon usage que les Draps-superfins d'Angleterre. Leur écarlatte est la plus estimée, & le Biscayen prétend que sa couleur est comparable à celle des Gobelins.

La maison où est placée cette Manufacture étoit auparavant le Palais d'un Grand d'Espagne qui l'a vendu au Roi. Sa Cour est ornée de statues pédestres en marbre, qui ne tarderont pas à tomber de leurs pied-estaux, si personne n'en prend plus de soin que le Directeur. L'entretien de cette Manufacture coûte annuellement à sa Majesté plusieurs milliers de pistoles, pour que le drap qui en sort puisse se vendre à un prix honnête ; ce qu'on ne pourroit pas faire sans cela ; la dépense des ouvriers étant actuellement trop considérable ; ce sont presque tous des étrangers que l'on n'y retient que par la paye exorbitante qu'on leur donne. Le Directeur espere qu'en peu d'années plusieurs gens du pays apprendront ce métier, & alors, dit-il, la Manufacture ne subsistera pas entierement, comme elle fait à préfent, des libéralités du Roi.

Le *Poſadero* François m'a dit à diné, que pendant les trois jours ſuivans je ne trouverois point de raiſins dans mon chemin pour remplir mon panier comme de coutume: cependant à peine ais-je eu fait une lieue l'après midi que j'ai été convaincu que ſon avertiſſement étoit auſſi faux & auſſi ridicule que déſagréable: préciſement à une lieue de *Guadalaxara*, on rencontre *Taracena*, village qui a aſſez d'apparence à une certaine diſtance, dont tout le territoire eſt planté de vignes. Je n'ai point traverſé ce village; mais je l'ai laiſſé à ma droite, & à environ un mille plus loin j'ai vu une *Ermita* (vous ne ſavez pas ce que c'eſt qu'une *Ermita*) à la porte de laquelle on avoit affiché cette Inſcription en groſſes lettres.

„ Le très-illuſtre Seigneur, Don Juan
„ Francisco Manrique de Lara, Brave de
„ Guzman, Evêque de Placencia, accor-
„ de quarante jours d'indulgence à toutes
„ les perſonnes qui diront un *Salve* (18)
„ devant l'image de notre Dame de la val-
„ lée que l'on vénere dans ſon hermitage

(18) Priere Latine à la Vierge Marie, qui commence par *Salve Regina mater miſericordia.*

„ (ou chapelle) de la vallée de Tara-
„ cena."

Vous penferez vraifemblablement, que cette infcription n'eſt pas affez importante pour mériter d'être copiée & traduite; mais à préfent, il faut que je tire parti de chaque bagatelle, ſi je veux remplir mes lettres de tous les foirs; n'ayant pas le tems de m'arrêter pour m'enquérir d'objets plus férieux; vous devez encore confidérer que ce qui paroît une bagatelle à l'un, peut n'être pas regardé de même par un autre. Vous ne ferez problablement pas les feuls qui lirez mon itinéraire. S'il vous amufe, vous ferez charmés de le faire lire à vos amis. Je penferai peut-être moi même à le faire imprimer, s'il a leur approbation, & qui fait fi parmi ceux qui le liront, il ne s'en trouvera pas dans le nombre qui n'auroient jamais fu ce que cette infcription leur apprendra, favoir que les Evêques de notre Eglife ont le privilege d'accorder quarante jours d'indulgence à ceux qui récitent un *Salve* devant une Madone? Mais, je vous prie, mes freres, que penfez-vous que contiennent la plus grande partie des infcriptions Greques & Romaines, qui rempliffent un fi grand nombre d'in-folios des Bibliotheques des Antiquaires? Selon moi des bagatelles peu impor-

Contraste insuffisant

NF Z 43-120-14

rantes femblables à celle-ci; néanmoins plusieurs favans des plus célebres de tous les fiecles & de tous les pays ont jugé à propos d'employer une partie confidérable de leur tems à les receuillir, les expliquer, & les illuftrer. Mon infcription, comparée aux leurs, a, je l'avoue, un défavantage qui n'eft pas peu confidérable, celui d'être moderne: cela ne doit pourtant pas m'empêcher de la conferver, par amour pour les favans qui pourront naître dans deux ou trois mille ans; & qui fait fi quelque futur *Grævius* ou *Spanheimius*, ne m'en fera pas obligé, & ne fouhaitera pas que j'euffe copié non feulement toutes les infcriptions des portes des hermitages, mais même toutes les fottifes écrites avec de la craie, ou du charbon fur toutes les murailles des *Ventas* & des *Pofadas* d'Efpagne? Je dois vous apprendre qu'il y a peu de ces maifons dont les murs ne foient couverts de devifes, de proverbes, de fentences, & d'obcénités tant en profe qu'en vers.

De *l'Hermitage* nous avons fuivi la vallée dont il eft fait mention dans l'infcription: elle a un lieue de longueur, & près d'un mille de largeur. Elle eft fituée entre deux montagnes, dont la déplorable ftérilité contrafte très-bien avec fon agréable fertilité:

Le

Le terrain à main droite est planté de vignes, actuellement chargées de raisins, & celui à gauche est occupé par des oliviers mêlés de sycomores & de figuiers. Au bout de cette vallée est une petite ville nommée *Val de Noches;* qui a été à ce qu'on prétend le berceau de *Fernand Cortez*, célebre vainqueur du Mexique. Au delà de *Val de Noches* se trouve une seconde vallée presque aussi longue & aussi large que celle de Taracena, & encore plus agréable, terminée par un grand nombre de jardins potagers, qui environnent ce village de Torrixa, à l'entrée duquel est un Chateau Maure, autrefois superbe; mais actuellement en ruine. La *Posada* est ici encore meilleure qu'à *Guadalaxara*, relativement à la maison & aux appartemens qui y sont très-propres. Le soupé que la *Posadera* nous a donné n'est nullement comparable par la maniere dont il a été apprêté au diné que le François nous a servi, mais l'hôtesse s'est mise à table avec moi & Baptiste, ce qui a rendu les mets plus supportables, parce quelle égale en beauté la belle Catherine de Badajoz.

LETTRE LXIII.

Dialogue entre un Voyageur & un Conducteur d'ânes. Urbanité d'un Grand. La plus haute éminence d'Espagne. Loyers de maisons peu chers.

Alcolea del Pinaz, 17 Octobre 1760. *vers midi*.

J'AI couché hier à *Algora*, & je vous aurois écrit de cet endroit, comme j'ai coutume, si j'avois pu me procurer une table à cet effet dans cette misérable *Venta*: Mais pourquoi lui donne-je l'épithete de misérable ? Le Marquis de *Castromonte*, qui est un Grand de la premiere Classe, y a logé tout comme moi: un cabaret qui fournit un logement à un pareil personnage, & à sa nombreuse suite ne doit point être appellé misérable.

Mais suivons notre méthode ordinaire, & racontons exactement l'histoire d'hier & celle du jour.

Hier matin, étant parti au point du jour: nous avons dîné à *Grajanejo*, chétif village à environ quatre lieues de *Torrixa*: pendant ces quatre lieues nous n'avons vu aucune espece d'habitation, à l'exception d'un autre village nommé *Triqueque*, qui est à quelque distance du grand chemin : Mais il convient de vous exhorter à observer que je vous nomme exactement tous les lieux inhabités où je passe ; & marque leurs différens éloignemens avec autant de précision que ma marche peut me le permettre, afin de vous mettre en état de vous former quelqu'espece d'idée de la population des Provinces que je traverse.

Nous n'avons pu nous rien procurer pour notre diné à *Grajanejo*, & nous aurions été obligés de jeûner sans quelques volailles rôties que nous avons eu la précaution de nous faire donner par le François de *Guadalaxara*, nous avons pourtant eu un très-bon feu, qui n'étoit pas moins nécessaire que le diné, parce que la journée étoit très-froide, quoiqu'il n'y eût que trois jours que nous eussions éprouvé des chaleurs insuportables à Madrid. La raison de cette différence de climat est, que depuis que nous avons quitté *Alcala* nous avons toujours monté, & que nous avançons dans les hautes montagnes d'Aragon. L'élément qui nous environne devient en quelque façon plus froid à chaque pas que nous faisons en avant. De *Grajanejo* à la *Ven-*

ta d'Algora il y a quatre lieües, que j'ai résolu de faire à pied dans l'après midi, malgré un vent de nord qui coupe le visage. En conséquence, ayant laissé Baptiste avec les Calesseros, je suis entré dans une vaste forêt principalement plantée de ces chênes, dont les glands ont un goût agréable; j'en ai mâché plusieurs pour me distraire de l'ennui de ma promenade solitaire.

Voyageant de cette maniere, j'ai joint un homme qui chassoit quelques ânes devant lui; & nous avons fait route ensemble, ,, *Qui êtes vous, Cavalier,*" lui ais-je dit, ,, *& où allez vous avec ces ânes?*

,, *Seigneur Cavalier,* m'a-t-il répon-
,, du, *Je suis un pauvre journalier, &*
,, *j'habite les montagnes de Burgos. Je*
,, *suis en chemin pour aller visiter la Notre-*
,, *Dame miraculeuse del Pillar à Sara-*
,, *gosse; ces ânes appartiennent à des Ca-*
,, *valiers, qui ont bien voulu me donner*
,, *quelque bagatelle pour les conduire à une*
,, *certaine distance.*

,, *Mais,* lui ais-je dit, *qui est cette*
,, *Dame miraculeuse del Pillar que vous*
,, *allez visiter? Je suis étranger dans ce*
,, *pays, où je n'avois jamais été aupara-*
,, *vant, je vous serai obligé si vous voulez*

,, me donner quelqu'éclaircissement à ce
,, sujet.

,, Notre-Dame del Pillar, m'a-t-il ré-
,, pondu, est une fameuse image adorée
,, dans une grande église de Saragosse:
,, Elle est aussi révérée dans tout le monde
,, que celles de Guadeloupe & de Monser-
,, rat, parce quelle fait pour le moins au-
,, tant de miracles.

,, Et êtes-vous payé, ais-je ajouté,
,, pour aller la visiter. Depuis les mon-
,, tagnes de Burgos à Saragosse, il me pa-
,, roît qu'il y a bien du chemin?

,, Payé, Monsieur," m'a-t-il répondu
tout étonné de ma question, ,, Payé! Et
,, qui me payeroit pour cela? Personne ne
,, visite une Notre-Dame pour être payé.

,, C'est ce que j'ignorois, lui ais-je dit,
,, mais encore quel motif vous porte à en-
,, treprendre un si long voyage à pied,
,, sans être trop bien pourvû d'argent,
,, ainsi que vous m'avez donné lieu de le
,, penser.

,, J'y vais, parce que j'en ai fait le
,, vœu."

Je m'imagine, ais-je ajouté, que vous
n'êtes pas marié, & que vous n'avez personne au logis qui ait besoin de vous, puisque vous ne craignez pas de vous en
écarter.

,, *Excusez moi*, m'a-t-il dit, *j'ai une
,, femme & trois enfans.*"

Fort bien, ais-je dit; *je suis charmé
d'apprendre que vous ayez une famille:
mais qui en a soin pendant votre absence?*

,, *Notre-Dame del Pillar*, dit-il, *aura
,, soin d'eux, & leur procurera quelques
,, petites aumônes pour les faire vivre pen-
,, dant mon absence.*"

*Quelques petites aumônes, mon ami,
& n'ont-ils, d'autre ressource que les aumônes que la St. Vierge leur enverra?*

,, *Non réellement, nulle autre*, dit-il;
,, *car nous sommes très-pauvres.*"

*Mais je vous prie, honnête homme, n'au-
roit-il pas mieux valu que vous fussiez resté
à la maison, & que vous eussiez travaillé
pour leur procurer, ainsi qu'à vous, du pain:
plutôt que de les abandonner sans autre
ressource que des aumônes casuelles?*

,, *Monsieur, pardonnez si je vous dis que
,, vous autres étrangers n'êtes pas autant
,, au fait de la religion que nous. J'ai
,, oüi dire une fois à une personne respec-
,, table, que les étrangers préféroient
,, leur intérêt à ceux de la religion, &
,, que nous nous préférions notre religion à
,, notre intérêt. Je n'oublierai jamais cet-
,, te sentence. Et ne dois-je pas penser à
,, ma religion avant que de penser à ma*

„ famille, moi qui suis un vieux Chré-
„ tien ? (Christiano Viejo) ne devons
„ nous pas accomplir les vœux que nous
„ faisons?"

Le raisonnement de mon vieux Chrétien m'a paru sans replique. Ainsi en lui glissant quelques *quartillos* dans la main, je lui ai souhaité un bon voyage, & qu'il arrivât heureusement auprès de sa *Dame miraculeuse*, après quoi rallentissant ma marche, les Calesseros n'ont pas tardé à me joindre; & nous sommes arrivés à la *Venta*, précisément au moment que le soleil se couchoit.

Monsieur, m'a dit le *Ventero*. Je suis fâché de n'avoir point de chambre à vous donner, toute la maison est occupée par un Grand, qui vient d'arriver.

Ce grand est le Marquis de *Castromonte*, dont j'ai déjà parlé. Il revient de Venise où il a été Ambassadeur quelques années. Il voyage avec une nombreuse suite, & se fait précéder par un courrier, qui s'assure des logemens des *Ventas* & des *Posadas* où il doit passer la nuit. Il étoit trop tard pour penser à gagner la premiere *Posada*; que faire dans une pareille position? J'ai pris ma résolution sur le champ, & j'ai répondu au *Ventero*, que je tâcherois de m'arranger dans l'écurie sur ma paillasse, puisqu'il n'étoit pas possible d'obtenir une chambre.

Tandis que je parlois avec lui, le Marquis a paru à la porte, & devinant à peu près de quoi il étoit question, il s'est approché très-poliment, & m'a demandé quel étoit mon pays. Je le lui ai dit, ainsi que l'embarras où je me trouvois. Il faut s'arranger différemment, a-t-il dit au *Ventero*, & faire ensorte que ce Gentilhomme ne couche pas à l'écurie; voyons. *Pedrillo* (s'addressant à l'un de ses gens) quelle chambre vous a-t-on donnée? La chambre qui est à côté de celle de votre Excellence, a répondu *Pedrillo*. Eh bien, mon garçon (a repris son Excellence) il faudra prendre patience pour cette nuit, & céder votre chambre à cet étranger. J'aurai soin de moi, a dit *Pedrillo* gayement, il y a assez de place dans l'écurie.

Mon logement étant ainsi heureusement assuré, je suis entré dans la *Venta* avec le Marquis, qui m'a poliment forcé à m'asseoir à côté de lui auprès de la cheminée de la cuisine; avec ses domestiques & plusieurs muletiers; il m'a engagé à partager avec lui le soupé que l'on préparoit à ce même feu. On nous l'a servi deux heures après; il étoit aussi magnifique qu'aucun qu'on eût jamais mangé dans un endroit aussi chétif.

Vous

Vous vous imaginez bien que nous n'avons pas été muets pendant le tems qu'à duré le repas. Nous avons parlé de Venife, de Madrid & de Londres jufqu'à minuit. Ce Seigneur a paru auffi fatisfait de mon babil, que j'ai été enchanté de fon affabilité. S'il avoit été auffi réfervé, & auffi fier que les nobles Efpagnols font ordinairement repréfentés dans les romans François & dans les farces Italiennes, j'aurois paffé une affez mauvaife nuit auprès de quelque mule, d'un cheval, ou d'un âne. Dans notre longue converfation nous nous fommes plaints du peu d'efpace, des incommodités, & de la mifere des *Ventas* & des *Pofadas* d'Efpagne : il m'a appris qu'on avoit formé le projet, à Madrid, de rendre celle des principales routes plus commodes, en tâchant d'engager des étrangers à s'en charger. J'ignore fi l'on y réuffira: mais il me paroit qu'il fera affez difficile d'établir de bonnes hôtelleries dans un pays auffi peu fréquenté par les Voyageurs que l'eft celui-ci.

Dès que j'ai été levé ce matin, j'ai chargé Baptifte de m'acquitter envers *Pedrillo*, du dérangement que je lui avois caufé; mais cet honnête domeftique a de l'honneur, & il a prié Baptifte de garder pour lui-même ce que je lui avois destiné.

Je ne dois pas oublier de dire, qu'hier au soir j'apperçus un Château Maure, bâti sur le sommet d'une montagne, peu éloignée de la *Venta d'Algora*. On ne cesse de rencontrer de ces Châteaux dans ce pays; je n'avois point de tems de reste, desorte que je n'ai pu m'arrêter pour examiner les ruines de celui-ci, les jours diminuent à vue d'œil, & nous sommes obligés de faire plus de diligence qu'à l'ordinaire, afin de ne pas arriver trop tard dans la nuit aux *Posadas*.

Il est près de midi, & nous avons déjà fait quatre lieues. Il y a une heure que nous avons monté par un chemin escarpé, où ma chaise a plusieurs fois couru risque d'être renversée; nous sommes arrivés à ce misérable village *d'Alcolea* que les Espagnols regardent comme l'endroit le plus élevé du Royaume. Ils assurent que la cime la plus haute des Pirenées, l'est d'un mille moins que celle-ci, je n'ai pas grand peine à le croire, surtout lorsque je pense que nous montons toujours insensiblement depuis trois jours, & que nous avons fait vingt-quatre lieues dans cet espace de tems.

Postscript de Maranchon *dans la nuit.*
Après avoir descendu un chemin escarpé & rompu depuis *Alcolea*, nous sommes arrivés ici au soleil couché. La *Posada*, où nous comptions nous arrêter, étoit si remplie de muletiers & d'autres gens, que l'hôte n'a point eu de place à nous donner ; mais comme ceci est un village, & pas simplement une *Venta*, il n'a pas été difficile de trouver à nous loger dans une maison de paysan : Une quantité de femmes de tout âge m'ont entouré au moment que je suis descendu de voiture, pour m'engager à acheter du pain, des volailles, des pigeons, du gibier, des œufs, & autres provisions, dont chacune d'elles avoit son pannier plein. La maison où j'ai établi mon quartier pour cette nuit, est peut-être le meilleur bâtiment du lieu, étant composée de sept chambres, pour lesquelles l'hôte m'a dit qu'il ne payoit que quatre *pesos duros* de loyer, environ vingt une livres par année ; sur ce pied, me suis-je dit en moi même, je ne serois qu'un pauvre seigneur, si j'étois propriétaire de la seigneurie de *Maranchon*. Le village contient à peu près deux cents maisons, & celui qui en seroit l'unique propriétaire ne seroit pas bien opu-

H 6

lent : pensez quelle doit être la misere de ceux qui les occupent, eux parmi lesquels il y en a si peu à qui elles appartiennent. Cependant ils ont l'air beaucoup moins misérables que les habitans de tous les villages que j'ai laissés derriere moi ; les femmes surtout paroissent très-propres. Elles attachent leurs tresses avec des rubans de soye, ont des pendans d'oreille d'argent, & des croix au col du même métal. Leur principale occupation est d'élever de la volaille, & des pigeons ; il n'y a pas un seul muletier ou Calessero passant par cette route, qui n'en fasse une ample provision pour les revendre ensuite dans les villes voisines. Ces femmes s'estiment très-heureuses lorsqu'elles parviennent à vendre une paire de volailles grasses à un voyageur pour douze sols, & une douzaine d'œufs pour quatre : j'ai eu aujourd'hui un soupé qui auroit suffi à six personnes, mon lit ainsi que celui de Baptiste, sont (si l'on en excepte ceux de Madrid) les plus mous & les meilleurs que nous ayons encore eu depuis que nous avons quitté Lisbonne, & tout cela ne m'a pas couté plus de vingt-quatre sous. On m'a assuré, à Madrid, que le Duc de *Medina Celi* étoit propriétaire de près de quatre cents villages de la *vieille Castille*. Si l'on m'a dit vrai, il faut qu'ils ne vaillent pas mieux que *Maranchon*, puisque ses revenus ne se montent qu'à cent trente deux mille Livres argent de France, dont les deux tiers proviennent des terres, des moulins, & de fermes situées dans les autres provinces de la Monarchie. S'il étoit propriétaire de cette même quantité de villages en Angleterre qui fussent renfermés dans un espace de deux cents milles aux environs de Londres, il seroit certainement plus riche que tous les autres grands joints ensemble; telle est la différence qu'il y a entre un Etat commerçant & un autre qui ne l'est pas.

LETTRE LXIV.

On ne sauroit donner de bonnes relations de lieux peu considérables. Paysannes industrieuses. Chansons impromptues. Rien de pareil chez les Arabes.

Tortuera, 18 Octobre 1760.

L'HISTOIRE du jour est si courte qu'il seroit facile de la rendre en une demie douzaine de lignes, pour peu que cela me convint: mais l'habitude que je me suis faite de barbouiller tous les soirs est devenue si forte, que je ne saurois m'en défaire, & qu'il faut que j'écrive, soit que j'aie de la matiere ou non; & que je raconte non seulement ce que j'ai vu & entendu pendant le jour; mais même que je rende compte d'une partie de mes pensées: ainsi, freres, prenez patience & ne vous fâchez pas si mes lettres par la suite vous paroissent vuides de choses, ou si les paroles suppléent en quelque façon au manque de faits. Vous auriez tort d'exiger que je vous donnasse depuis les *Ventas*, les *Villages*, & les *Bourgs*, des relations aussi complettes & aussi détaillées que celles qui sont sorties de ma plume lorsque j'habitois Madrid.

Plus j'avance dans l'intérieur de l'Aragon, plus je suis satisfait à plusieurs égards des habitans. Depuis Alcala jusqu'ici je n'ai pas rencontré une seule de ces dégoutantes mendiantes, qui rôdent dans toute la province d'Estramadoure une image à la main, & vous forcent à la baiser soit que cela vous plaise ou non. Ma chaise a été entourée aujourd'hui par plusieurs femmes à *Barbazil*, *Terra*, *Molina* & *Poncha*; mais au lieu de mendier, elles nous ont offert des panniers de volailles, de pigeons, de perdrix, de grives, d'œufs, de choux, d'oignons, d'aux, de miel, de raisins, & d'autres vivres à acheter. Elles portoient leurs panniers au bras gauche, pour pouvoir se servir de leurs mains à filer, ce qu'elles ont continué de faire en nous parlant, comme si elles avoient craint de perdre du tems. Je n'ai jamais vu de paysannes qui me plussent davantage : la plûpart étoient vêtues de grossieres étoffes de laine ; toutes tant les jeunes que les vieilles paroissoient très-propres. Les vieilles portoient des *Monteras*, ou bonnets de laine, mais les jeunes avoient la tête nue. Elles lient leurs cheveux au sommet de la tête, & les laissent pendre sur le dos, partagés en deux tresses ; plusieurs avoient des boucles d'argent à leurs souliers, outre leurs péndants d'oreilles & leurs croix au cou. J'ai fait compliment à deux ou trois des plus jolies sur leur beauté & sur leur propreté : elles m'ont répondu par une révérence & par un sourire.

Nous avons dîné à *Terra Molina*, & sommes venus passer la nuit dans ce village de *Tortuera*, qui mérite le titre de Bourg. Comme je mettois pied à terre j'ai entendu des joueurs de guitarre qui jouoient en marchant dans la rue, suivis d'une foule de gens : poussé par ma curiosité ordinaire, je me suis joint à cette foule, & me suis arrêté avec elle sous la fenêtre d'une jeune fille très jolie, à ce que j'ai appris par la suite. Les deux musiciens qui marchoient à notre tête, se sont mis à chanter une chanson impromptue à la louange de la belle fille, & ont si fort exalté sa beauté & sa vertu, que quand elle auroit été un composé tenant le milieu entre Vénus & Ste. Thérese, ils n'en auroient pas pu dire davantage. Cependant toutes leurs exagérations n'ont pas été capables de l'attirer à sa fenêtre; parce qu'elle n'étoit pas au logis, à ce que dit assez plaisamment un des spectateurs: ce qui ne les a pourtant pas empêché de continuer pendant près d'une heure leur musique, chantant tour à tour une *Seguedilla*, ricanant de tems en tems en se regardant; c'est-à-dire toutes les fois qu'il arrivoit que le son ou la rime n'étoit pas trop juste, ou que les vers étoient un peu plus longs ou un peu plus courts que la mesure l'exigeoit: ce qui a donné lieu à plusieurs plaisanteries.

Je n'ai réellement pas grand chose à dire en faveur de l'habileté des deux poëtes; je ne m'attendois pas à des images bien relevées de la part de deux paysans qui vraisemblablement ne savoient pas lire: on remarquoit pourtant une certaine chaleur dans les pensées, & une vivacité dans les expressions de presque toutes les *Seguedillas*, qui ne laissèrent pas que de me surprendre.

J'avoue, chers freres, que j'ai un peu de vanité, lorsque je pense, que je suis vraisemblablement le premier voyageur qui ai remarqué cette singularité, & me suis apperçu que ce pays abondoit en poëtes impromptus. Je ne suis pas assez savant pour pouvoir décider si les Grecs & les Romains chantoient de cette façon: on trouve un passage dans Homere, & un autre dans Virgile qui nous donnent lieu de penser que cette coutume n'étoit pas tout à fait inconnue à leurs compatriotes. Homere introduit le poëte Phœmias pour chanter des chansons impromptues à la table des amans de Pénélope, & quoique les vers que chante Phœmias soient composés par Homere, il me paroit, qu'il n'auroit pas fait mention d'un chantre impromptu dans l'Odissée, si la coutume de chanter sans préparation n'avoit été connue en Greçe. Virgile nous donne le dialogue de deux bergers:

Arcades ambo,
Et cantare pares, & respondere parati;

Cette circonstance, *qu'ils étoient tous deux préparés à répondre*, indique ou paroit indiquer que l'usage des chansons impromptues n'étoit point inconnu aux anciens Romains.

Ce n'est point à moi à décider si nous pouvons conclure, de ces deux passages, que les Romains & les Grecs fussent addonnés à cet éxercice agréable de l'esprit: ce qu'il y a de certain, c'est que ni les François, ni les Anglois (qui sont les deux nations les plus policées de notre siecle) n'ont cet usage, & je ne me souviens point d'avoir jamais lu ni oui dire qu'aucun autre peuple ancien ou moderne le suivît. On ne sauroit pourtant présumer que les Espagnols & les Italiens fussent les deux seules nations douées d'imaginations assez vives pour posséder ce talent à l'exclusion de toutes les autres. Il se peut qu'il y en ait plusieurs qui aient fait ou fassent la même chose, mais nous ignorons lesquelles, & le pays qu'elles habitent. Je sais seulement, que j'ai lu l'article entier du Catalogue de *Casiri*, des poëtes Arabes, mais que je n'y ai trouvé aucune trace, n'y aucune apparence que les Arabes aient été dans cet usage, quoique cette nation paroisse avoir été aussi adonnée à la poësie qu'aucune qui ait jamais éxisté.

Il est inutile, de vous dire, qu'après soupé nous avons eu de la danse pendant une heure: si je ne vous en fais pas mention toutes les fois que cela arrive, ce n'est que pour éviter les répétitions.

LETTRE LXV.

Plusieurs châteaux ruinés, & pourquoi. Pèlerin François. Consommation absurde de cire. Castratto Espagnol.

Daroca 19 *Octobre* 1760.

A une lieue de distance de *Tortuera*, nous avons traversé ce matin un village nommé *Embid*, où j'ai remarqué un château ruiné sur une montagne voisine. La populace Espagnole donne le nom de *Maure* à tous les châteaux qui tombent en ruine dans ce Royaume: mais l'Empire de ce peuple n'a pas eu une bien longue durée, soit en Aragon ou en Catalogne; ainsi, on ne sauroit supposer, qu'il ait voulu, ou pu ériger un si grand nombre de vastes bâtimens, que celui que l'on trouve dans ces deux provinces. D'ailleurs plusieurs de ces ruines mêmes, dénotent un goût d'architecture très-différent de celui des Maures, ainsi il est assez vraisemblable que la plus grande partie de ces châteaux n'étoient que de simples maisons qui appartenoient à l'ancienne noblesse, & aux gens les plus opulens qui n'avoient pas coutume autrefois d'habiter constamment les grandes villes, ainsi qu'on le fait assez généralement de nos jours.

D'*Embid* à *Used* où nous avons dîné, il n'y a que trois lieues. Le pays intermédiaire paroît extrêmement fertile, & est rempli d'arbres de différentes espèces.

J'ai appris aujourd'hui par un pur hazard, que les Espagnols ne font point maigre le samedi, comme nous faisons en Italie, quoique la religion des deux pays soit la même. J'ignore la raison de cette différence; mais je suppose qu'elle vient de la rareté du poisson dans les provinces de l'intérieur de ce Royaume trop éloignées de la mer, & peu abondantes en rivieres. Il est étonnant que je n'y aie point fait attention pendant mon séjour à Madrid. Je vois par cette inadvertance, que je suis coupable d'inexactitude aussi bien que les autres voyageurs.

En parcourant la ville *d'Used* pendant qu'on me faisoit à diner, j'ai rencontré un François en habit de Pélerin; je l'ai invité à partager mon repas, il a accepté mon offre, & m'a fait le recit de ses longues courses en Espagne & en Italie. Ayant été traversé dans ses amours par son pere, qui est apothicaire à Bordeaux, il a fui, & a mené depuis cinq à six ans une vie très-ambulante: restant à peine un jour entier dans un même lieu. Ne s'appercevant pas qu'il s'entretenoit avec un Italien, il m'a parlé peu avantageusement de la charité de nos moines, auxquels les Pélerins ont le droit indisputable de s'addresser pour avoir de quoi appaiser leur faim lorsqu'ils en sont tourmentés. Nos pélerins Italiens sont aussi, selon lui, une race détestable & il m'a assuré d'après une longue expérience, qu'il y en a neuf sur dix qui sont de francs vagabonds, & des voleurs fiéfés; ce qui n'est pas de même en Espagne, ou des gens de bonne famille, & quelque-fois même des gentilshommes entreprennent le pélérinage de Lorette, & de Rome, poussés par des motifs de dévotion.

Comme il est encore jeune, j'ai tâché de l'engager à retourner chez son pere; & à aller lui demander pardon de sa désertion, qui seroit probablement facile à obtenir après une si longue absence; il m'a paru très décidé à continuer son même genre de vie, & d'aller toujours de pélerinage en pélerinage, sans jamais sortir d'Espagne où les couvents & les paysans refusent rarement l'aumône aux Pélerins. Vous savez que ce Royaume est fort renommé pour les images miraculeuses qui y attirent nombre de Pélerins; il les a déjà toutes visitées plusieurs fois. Il m'a dit des choses merveilleuses de *St. Jâques de Compostelle* en Gallice, & de *Notre-Dame de Montserrat*, en Catalogne, qui mériteroient d'être répétées; mais craignant que ses recits ne soient pas exacts, je ne veux pas m'engager dans de longs détails sur la parole d'un rôdeur, que je ne connois pas. Comme il m'a paru avoir eu une espece d'éducation de College, je lui ai conseillé de tenir un journal de ses différentes courses, & j'allois lui donner les avis qui me paroissoient les plus convenables à ce sujet, lorsque je me suis apperçu qu'il y avoit si longtems qu'il n'avoit manié de plume qu'il avoit actuellement de la peine à en faire usage, & je ne doute pas qu'il ne soit bientôt tout à fait hors d'état de s'en servir, ayant eu assez de peine à écrire avec mon crayon une sentence que je lui ai dictée. Je voudrois qu'il m'en eût couté beaucoup & avoir une rélation détaillée des divers pélérinages de ce vagabond, je fuis fûr que pour peu qu'elle fût bien faite, elle ne fauroit manquer d'amufer. Il voyage à fon aife demandant la charité, & fe repofant entierement fur la libéralité des bonnes ames. Il eft fi facile de fe procurer des aumônes dans ce pays, que je fuis étonné que le nombre des Pélerins n'y foit pas plus confidérable ; celui-ci étant le feul étranger que j'aie encore rencontré en Efpagne.

A une lieue de diftance en deça d'*Ufed*, nous avons traverfé un village nommé *Sanfed*, qui de même qu'*Embid* a un château ruiné fur une éminence voifine. Avançant encore une autre lieue ; nous nous fommes trouvés fur le fommet d'une montagne, où nous avions en ligne directe une vue fort étendue d'un grand nombre de montagnes ftériles, s'élevant graduellement les unes derriere les autres. J'ai mis pied à terre dans cet endroit, & quittant mes Caleffe-ros, & le grand chemin, j'ai marché le long d'un fentier qui eft beaucoup plus court jufqu'à la ville de *Daroca*, fituée au fond d'une belle vallée. Une petite riviere qui paffe tout auprès la fertilife, & rend ce coin de terre delicieux. La vue autour de la ville eft agréablement diverfifiée par des collines pierreufes, dont quelques-unes font fort élevées; le fantasque pinceau de *Zuccarelli* ne peignit jamais rien qui fût plus pittoresque que les environs de *Daroca*.

Ayant attendu près d'une demie heure à la *Posada* l'arrivée de mes gens, & commandé le soupé, j'ai été courir la ville, qui est petite, quoique passablement bâtie. Je suis entré dans une Eglise précisement dans l'instant qu'on alloit donner la bénédiction: Le maître autel étoit éclairé par plus de trois cents cierges; une nombreuse bande de Musiciens placés vers l'orgue remplissoient l'air de musique Vocale & Instrumentale; je m'apperçois que les Espagnols ne sont pas plus œconomes que les Italiens sur l'article des cierges dans les Eglises; semblables à nous, ils y consomment plus de cire que le pays n'en peut produire; de sorte qu'ils sont obligés à notre exemple d'en tirer une partie de l'étranger. J'ai longtems été surpris de la conduite de nos différens Etats, qui n'ont jamais pensé à suprimer ou du moins à restreindre cette dépense inutile. Mais ce n'est pas là le seul exemple d'absurdité dans l'administration de notre patrie, & de l'Espagne.

A la bénédiction j'ai entendu la voix d'un *Castrato*, j'ai demandé à un des assistans s'il étoit Espagnol ou Italien. *Arragonois, comme moi*, m'a-t-il répondu trèslaconiquement. Mais je vous prie, ais-je ajouté, avez-vous aussi ici la charmante coutume que l'on a en Italie, de mutiler les enfans pour en faire des musiciens? Nous n'avons point de pareille coutume, m'a-t-il répondu. Ce chanteur à ce qu'on m'assure, étoit un pauvre enfant à qui l'on a fait l'opération dans un hôpital de Saragosse à la suite d'une certaine maladie: Cette opération lui a éclairci la voix, & cette voix lui a procuré des protecteurs; & comme il s'est fait prêtre, notre Evêque l'a nommé à une bonne Chapelle dans cette ville. Il est *Licentié*, & se prête quelquefois à chanter dans les Eglises aux fêtes solemnelles.

LETTRE LXVI.

Pays stérile. Arbustes servant de bois à bruler. Pochero. Lieu solitaire. Chiens Anglois & Espagnols. Plante de thin cueillie, & pourquoi. Don Diego & sa petite fille. Garnache excellent vin.

Longares, 20 Octobre 1760.

JE commence à être honteux de mes répétitions; je ne peux cependant m'empêcher de dire que tout près du village de *Retafcon* & à une lieue de diftance de la ville de *Daroca*, il y a fur une éminence un *Château Maurefque*; c'eft-à-dire, un autre Château entierement ruiné.

Pendant cette lieue & les deux fuivantes, jufqu'à un petit affemblage de maifons très-chétives, nommé *Mainar*, plus on avance, plus le pays paroît ftérile ; mais depuis *Mainar* jufqu'à la *Venta de St. Martin* (une lieue plus loin) le pays eft un vrai défert qui ne produit autre chofe que du romarin, de l'afpic, du thin, & autres pareils arbuftes, qui fervent aux habitans de bois à bruler.

Etant parti ce matin trois heures avant mes Calefferos; je me fuis rendu à pied à cette *Venta*. J'aurois été charmé d'y trouver un lit pour pouvoir m'y repofer un couple d'heures: mais la maifon eft petite; & toutes les chambres ont été retenues par un Gentilhomme nommé *Don Diego Martinez*; qui avec fon époufe & fes domeftiques étoient arrivés une heure avant moi dans un Caroffe trainé par fix mules.

Outre le repos, j'avois encore befoin de nourriture ; par bonheur l'hôte de la *Venta* avoit fon *Pochéro* prêt: c'eft-à-dire un plat de *Garvanzos* (pois chiches) cuits à l'huile, & reduits en bouillie, affaifonnés avec de l'ail, des oignons & du poivre; outre un grand plat de morue frite auſſi à l'huile, ce terroir graveleux ne pouvant produire de beurre. Je me ſuis mis à en manger avec le *Ventero* & ſa famille; je n'ai jamais mangé de meilleur appétit; ayant marché au mois ſeize milles en moins de cinq heures; à Londres à peine aurois-je permis à mon chien de goûter de ce diné; mais dans un pareil endroit que la *Venta de San Martin*, il ne faut pas être délicat; d'ailleurs après une promenade de ſeize milles par une matinée froide, on ne ſauroit rien trouver de mauvais: pour recompenſer en quelque façon la chere, l'hôteſſe m'a préſenté un *Piél* ou ſac de peau plein d'un très-excellent vin de *Carinena*, je l'ai ſi ſouvent viſité & avec tant d'ardeur que j'ai eu bientôt recouvré mes forces & qu'en une demie heure j'ai oublié ma laſſitude.

Ayant ainſi diné, je ſuis ſorti de la *Venta*, qui eſt ſituée au pied d'une montagne pierreuſe; ſa montée, meſurée à l'œil, peut avoir environ un demi mille. Je me ſuis ſenti un accès de curioſité, & ai eu envie de ſavoir quel étoit l'aſpect du pays depuis le ſommet; & ſans perdre un ſeul moment à délibérer j'ai commencé à grimper; j'ai trouvé la montée beaucoup plus rude quelle ne m'avoit paru à une certaine diſtance, & très-fatigante, à cauſe du peu de ſtabilité & de la petiteſſe des pierres ſur leſquelles il falloit paſſer; je ne retournai cependant pas en arriere, & au bout d'une demie heure je parvins où je voulois être, c'eſt-à-dire, à la partie la plus élevée; d'où je ne découvris que d'autres petites montagnes, ſituées les unes derriere les autres, toutes ſtériles, toutes déſertes, & toutes iſolées. Nulle autre maiſon, nulle autre habitation, ne paroiſſoit que la *Venta :* au-deſſous de moi je ne découvrois qu'un vaſte deſert qui s'étendoit auſſi loin que la portée de ma vue: Le terroir de ce ſommet ne produit abſolument que du thin, auquel il y a peut-être pluſieurs ſiecles que perſonne n'a touché. J'en ai cueilli une tige preſque de l'épaiſſeur de mon poignet, & l'ai miſe dans ma poche, dans l'intention que je vous dirai bientôt.

Tandis que je grimpois cette montagne, j'ai apperçu à quelque diſtance un troupeau conſidérable de moutons; & changeant de direction j'ai été droit à lui, dans l'intention de faire quelques queſtions aux Bergers; mais l'un d'eux m'a crié de ne pas approcher, parce que ſes chiens étoient méchants. J'ai obéi à ſon commandement, & j'ai continué à monter par le premier chemin que j'avois fuivi. Les Anglois fe glorifient de la férocité de leurs dogues, qui ne lâchent jamais ce qu'ils tiennent lorfqu'ils ont une fois planté leurs dents dans de la chair vivante, quand même on les couperoit par morceaux : Cependant aucun chien Anglois ne feroit trop fort pour un de ceux qui gardent les moutons en Efpagne; ils font fi courageux qu'ils ofent non-feulement préfenter le combat aux plus gros loups des Pyrénées, mais encore qu'ils les étranglent en un moment étant forts & fouples en même tems. On m'a affuré qu'ils ne diront jamais rien à un voyageur qui fe trouvera à la tête du troupeau ; mais attaqueront ceux qui pafferont à la queue, lorfque les Bergers n'y font pas pour les retenir.

La raifon pour laquelle je fouhaitois parler à quelqu'un de ces Bergers, étoit l'envie que j'avois de leur faire différentes queftions au fujet de leurs moutons, & fur les longues promenades qu'ils entreprennent avec eux ; mais ils m'ont parus impatiens de traverfer le défert, leurs bêtes ne mangeant point de thin, qui étoit la feule chofe qu'ils puffent y trouver. J'ai oui dire que les Bergers Efpagnols conduifoient leurs troupeaux de Province en Province, s'arrêtant pour les faire paître par tout où ils trouvent en chemin des pacurages convenables; aucun propriétaire de ces terres ne sauroit les en empêcher, pourvû qu'ils lui payent un certain prix que la loi a fixé. Je voulois que ces Bergers m'apprissent quelques particularités sur les promenades de ces moutons, sur la maniere dont on vendoit leur laine, sur son prix, sur les principaux marchés & d'autres détails; mais comme je viens de le dire, ils étoient en marche, & leurs chiens m'ont empêché d'approcher.

Continuant à monter, & en atteignant le sommet de la montagne, je me suis un peu avancé sur une plaine étroite qui s'y rencontre; j'ai cueilli la plante susmentionnée, & regardé tout autour de moi. Après avoir ainsi considéré pendant quelque tems l'aspect sauvage de cette solitude déserte, je me suis assis sur une pierre, & j'ai dit en moi même. ,, Quel lieu plus pro-
,, pre à la méditation que ce séjour éternel
,, du silence ? Il n'y a ici ni homme, ni
,, bête, ni oiseau, rien qui fasse le moin-
,, dre bruit: plongeons-nous dans nos rê-
,, veries, & essayons jusqu'où nos idées
,, que rien ne trouble pourront s'éten-
,, dre."

En prononçant ces derniers mots, j'ai appuyé ma tête sur mes deux mains, & me suis mis à rêver. A quoi! Maudit soit de ma folle imagination, qui n'a voulu me présenter d'autre objet que la *Paolita*, aux grands yeux noirs, de *Badajox*. Je ne conçois pas comment elle m'est venue si mal à propos dans l'esprit. N'avois-je autre chose à me rappeller, qu'une jeune fille, que je ne reverrai vraisemblablement jamais? N'auroit-il pas mieux valu penser au tremblement de terre de *Lisbonne*, aux ruines de l'Université *d'Alcala*, au Roi d'Espagne, ou à d'autres choses de cette importance? Non! *Paolita* s'est emparée subitement de mon esprit, je ne sais comment; & il n'a pas été possible de l'en chasser: plus je faisois d'efforts pour m'en débarasser, plus elle m'occupoit tout entiere: aucune autre image ne pouvoit lui être substituée: son obstination à regner sur tous mes sens m'a mis à la fin tout à fait en colere; de sorte que je me suis levé promptement, & ai eu recours à mes jambes, je suis descendu très-vîte à la *Venta*, où mes Calesseros n'ont pas tardé d'arriver.

En rentrant dans la *Venta*, je me suis rappellé la plante de thin que j'avois dans ma poche; je l'en ai tirée, & l'ayant pliée dans du papier blanc, j'ai écrit dessus ces mots en maniere de *Mémoire*:

Le 20 Octobre 1760.

Cette plante de thin a été cueillie au sommet d'une montagne aride du Royaume d'Aragon, dans le voisinage de la Venta de San Martin, par un Pseudo-Botaniste de Turin, dans l'intention d'en faire présent à l'Archi-Botaniste Jean Marsili, un des Professeurs de l'Université de Padoue.

Je ne doute point que mon ami Marsili ne soit charmé de mon présent, & ne lui donne place dans son *Hortus Siccus*: sûr qu'il n'eut jamais dans son jardin de plante de thin de cette grosseur. J'espere qu'il me donnera par contre un couple de pommes de pin, & croira encore avoir fait une bonne affaire.

Ayant écrit cette inscription, j'ai vu *Don Diego* donnant la main à son épouse pour descendre l'escalier, précédé d'une femme conduisant sa petite fille, âgée d'environ six ans, qui est un joli enfant.

Comment vous appellez-vous mon bel-ange, lui ais-je dit.

Mon nom est *Pepina Martinez*, m'a-t-elle répondu, en me faisant une profonde révérence.

Vous êtes si jolie, lui ais-je dit, qu'il faut

faut que je vous donne un baiser: & la prenant dans mes bras, je l'ai portée au Carosse qui étoit prêt à partir, & l'y ai placée, *Don Diego*, & sa femme m'ont remercié, sont montés en voiture; le cocher a fouetté ses mules & ils sont partis; j'ai été dormir une heure, tandis que mes bêtes se sont reposées & que mes Calesseros & Baptiste ont diné.

A une heure après midi je suis rentré dans ma chaise, & ai continué mon voyage: le désert a duré encore pendant une lieue; mais en descendant une montagne garnie d'arbres l'aspect de la Campagne a tout d'un coup changé en mieux. A environ deux lieues de la *Venta* nous avons traversé le village de *Carinena*, où nous ne nous sommes arrêtés que quelques minutes, uniquement pour remplir notre *Borracho* d'un vin qu'on nomme *Garnache*, qui est sans contredit le meilleur que j'aie encore bu en Espagne. *Le Cap de bonne Espérance* en fournit à peine qui lui soit préférable. Je m'étonne que *Carinena* & son vin soient si peu connus dans le monde; le petit terroir qui le produit est si fort avancé dans l'intérieur du pays, qu'il n'est bu que par ses habitans & par les heureux Calesseros, par les muletiers, &

par un petit nombre de voyageurs qui y passent fortuitement.

Comme le soleil étoit prêt à se coucher, nous sommes arrivés à *Longares*; heureusement pour moi nous nous sommes arrêtés par hazard à la même *posada* où *Don Diego Martinez* étoit logé: il m'a apperçu de sa fenêtre au moment que je suis descendu de ma chaise, est venu à ma rencontre, m'a dit qu'il étoit charmé de me revoir, & enchanté d'apprendre que j'allois à Barcelonne. Nous ferons, a-t-il ajouté, une partie du chemin ensemble, à la grande satisfaction de *Pepina*, qui ne cesse de parler de l'attention que vous avez eue pour elle; voyez, ais-je dit en moi même, ce que c'est que d'avoir de l'inclination pour quelqu'un, il ne tarde pas à en avoir pour vous.

Don Diego, m'a dit, qu'il alloit à *Cervera*, ville de Catalogne, dont le Roi l'avoit nommé *Corregidor*. Tandis que nous nous entretenions de cette manicre nous avons vu passer une procession dans la rue, nous l'avons suivie, nous avons chanté avec ceux qui la composoient des *ave*, & des *pater*, & sommes entrés avec eux dans l'Eglise. Comme je m'avançois vers le bénitier, pour présenter de l'eau bénite au Corregidor, un rustre qui étoit tout auprès, plongeant ses doigts dans l'eau, m'en a jetté un peu avec une chiquenaude, d'abord dans l'un de mes yeux ensuite dans l'autre. Cette cérémonie m'a parue ridicule, & assez semblable à celle que pratiquent les crocheteurs Irlandois à Londres, qui lorsque la messe est finie, jettent l'eau bénite à pleines mains sur les assistans; comme elles sont souvent sales il arrive assez ordinairement que leurs habits en sont tachés.

Les Litanies & la bénédiction étant finies, nous sommes sortis *Don Diego* & moi de l'Eglise, avons fait un tour dans la ville, & sommes revenus à la *Posada*, où il m'a engagé à souper avec lui & son épouse. C'est une grave matrône qui a bien ses quarante ans, & qui a été *Camarista* de notre Duchesse de Savoie. *Pepina* venoit d'être couchée un peu avant que nous entrassions. Nous avons parlé de la *Duchesse-Infante* pendant le repas; nous nous sommes quittés sur les onze heures, eux pour se mettre au lit, & moi pour écrire.

LETTRE LXVII.

Promenades des moutons en Espagne. Erreur du vulgaire en Piémont au sujet des moutons. Maniere de voyager de Don Diego. Simplicité du petit nombre d'habitans de Maria. Nouvelle connoissance de Siguenza. Projets supposés d'un Monarque. Vanités des espérances du peuple sous un nouveau regne. Porte manquée. Deux Cathédrales dans une ville. Les vilaines avantures d'Antonio Perez. Observations sur les rimes défectueuses.

Saragosse; 21 Octobre 1760.

Je vous ai dit les raisons qui reprimerent ma curiosité, & m'empêcherent hier d'approcher d'un troupeau de moutons.

En sortant ce matin de Longares au point du jour, pour me promener j'en ai rencontré un autre pareil; j'ai tout de suite lié conversation avec un des bergers qui le conduisoit, je n'ai pas pu tirer grand chose de lui, leur route étant tout à fait l'opposé de la mienne. Je n'ai eu que le tems d'apprendre „ qu'ils étoient actuelle-

„ ment en marche, étant partis des contrées
„ montagneuses qui sont dans les environs
„ de Lérida en Catalogne pour se rendre
„ dans les plaines d'Andalousie, où ils de-
„ voient hyverner. Qu'ils faisoient deux
„ fois toutes les années ce même voyage,
„ sur le pied de deux, trois, & même
„ quatre lieues par jour; les hommes &
„ les moutons passant toutes les nuits en
„ plein air, à moins que le tems ne soit
„ très-mauvais; en ce cas les bergers lors-
„ qu'ils peuvent trouver des branches d'ar-
„ bres en font des especes de cabanes.
„ Que, si les moutons restoient toujours
„ dans le même endroit, & étoient tous
„ les soirs à couvert, comme il en est de
„ ceux qu'ils nomment *Ovéjas Caseras*
„ (brebis casannieres) leur laine devien-
„ droit grossiere; & les troupeaux seroient
„ attaqués de maladies contagieuses, qu'ils
„ n'évitent qu'en changeant fréquemment
„ de climat, & en demeurant à l'air. Que
„ les moutons d'Aragon & d'Andalousie,
„ l'un portant l'autre, se vendoient ordi-
„ nairement au Boucher environ vingt-
„ quatre réaux piece; & que les toisons
„ de trois moutons, lorsque ces animaux
„ étoient sains, se trouvant dans leur
„ état de perfection, rendoient ordinaire-
„ ment une *Arobe* de laine qui pesoit

„ vingt-cinq livres, avant que d'être net-
„ toyée, & qu'étant purifiée & en état
„ d'être portée au marché elle diminuoit
„ de moitié. Que les moutons ne se
„ nourrissoient que d'herbe tendre; & ne
„ touchoient jamais le romarin, le thin,
„ la sauge, la lavande, & d'autres plan-
„ tes de ce genre, si ce n'est lorsqu'ils
„ sont fortement tourmentés de la faim;
„ mais qu'ils périroient bientôt s'ils étoient
„ dans le cas de vivre seulement deux ou
„ trois jours de pareille nourriture qui leur
„ est tout à fait nuisible."

Si ce dernier article est vrai, comme je le crois: l'opinion contraire qui prévaut universellement parmi nous, à l'égard des moutons de Savoie & de Suisse, devient une vraie erreur populaire: vous savez que nous attribuons en Piémont le bon gout du mouton Savoyard & Suisse à la maniere dont ces animaux se nourissent, que nous supposons ne manger que des plantes odoriférantes: cependant ceux de ces contrées ne sauroient être d'une autre nature que ceux d'Espagne, & manger ce que ces derniers ne peuvent souffrir.

Ces animaux sont réellement bien plus beaux que ceux de notre pays, ou d'Angleterre: j'entends relativement à leur toison, qui brille en Espagne d'un lustre qui le cede à peine à celui de la foie : mais ici les moutons font moins grands qu'en Angleterre, & leur laine n'est ni si longue, ni si épaisse.

Semblable à tous ceux qui dans leur premiere jeunesse ont lu beaucoup d'ouvrages de poësies, je m'étois une fois formé les plus belles idées du bonheur de la vie pastorable : il me souvient encore du temps où j'eus quelque envie de déserter la maison paternelle pour m'aller faire berger dans les Alpes. Ces idées, il est vrai, ne subsistent plus depuis longtems : cependant il me semble que je n'aurois aucune répugnance à faire une course en Andalousie avec les bergers que j'ai rencontrés aujourd'hui, sans la triste nécessité de passer la nuit dans un champ à la belle étoile, & rarement à couvert. *Sans cela* une pareille vie à ce qu'il me semble seroit assez agréable pendant une année, & fourniroit assez de matieres interéssantes pour plusieurs lettres ; un nombre prodigieux d'observations curieuses pourroient être les fruits d'un voyage de cette espece.

N'ayant point envie de retourner à *Longares* avec ces bergers, pour en tirer de nouvelles informations, je leur ai souhaité un bon voyage ; j'ai continué ma promenade solitaire. Le carosse de *Don Diego* n'a

pas été longtems à me joindre, fes caleſ-
feros ou fes poſtillons, vous leur donnerez
le nom qu'il vous plaira, pouſſant leurs
mules de leur mieux. Il leur a crié de
s'arrêter, & a voulu que j'entraſſe dans fa
voiture, ce que je l'ai prié de me permettre de refufer, puis qu'elle n'étoit déjà
que trop embarraſſée; contenant, outre fa
perfonne, fa femme fon enfant & deux
domeſtiques, ajoutant que j'étois d'ailleurs
bien aife d'examiner le pays tout à mon
aifé, que l'exercice me convenoit, & ne
m'étoit pas moins agréable que falutaire.

La façon de voyager de Don Diego me
paroit plus judicieufe que la mienne. Il
eſt convenu avec fes Caleſſeros, qu'ils feroient les journées ordinaires, lesquelles
font communément de huit lieues; mais
qu'au lieu d'aller au pas, comme les miens,
ils iroient toujours au trot; par ce moyen
il part beaucoup plus tard le matin, & arrive à midi à la *Pofada*, & le foir de beaucoup meilleure heure que moi; fi j'avois
fçu que cela fût pratiquable, j'aurois fait
le même marché avec mes Caleſſeros; cela
n'auroit fait aucun tort à mes promenades du
matin & de l'après-diné, puifque j'aurois
pu monter dans ma chaife auſſitôt que les
mules en trotant m'auroient attrapé, & éviter l'ennui d'aller au petit pas toutes les

fois qu'ils tardent trop. J'aurois alors eu plus de tems, surtout le soir, pour examiner les villes, & les villages où nous nous arrêtons ; & en m'y promenant une ou deux heures de plus que je ne peux à présent, faire des observations qui vaudroient la peine d'être écrites : mais on ne sauroit se procurer tout d'un coup des informations parfaites sur aucun sujet ; & je suis actuellement aussi incapable de rectifier les erreurs que j'ai commises par ignorance, que d'altérer le plan de mon voyage, qui malgré cet inconvénient passera cependant tel qu'il est. Je me flatte même qu'il méritera quelque indulgence.

J'ai dîné à *Maria*. Don Diego & sa famille y étoient arrivés deux heures avant moi. *Maria* est un village d'environ vingt maisons. Il appartient au *Comte de Fuentes*, qui a succédé à mon ami *d'Abreu* en sa qualité de Ministre à la Cour Britannique. Le *Posadero* a eu peine à en croire ses yeux lorsque je lui ai montré le nom de son Seigneur au bas de mon passeport, & m'a pris pour un homme considérable ; puisque j'avois en mon pouvoir une grande feuille de papier signée de la propre main de ce Seigneur. Vous auriez ri des idées que les simples habitans de *Maria* ont conçues des Grands Seigneurs de la Cour. Eh les approchent beaucoup de celles de cette bonne vieille, dont notre Poëte *Berni* fait mention, qui s'imaginoit que le Pape étoit un Dragon, une Montagne, ou un Canon.

Outre Don Diego, j'ai trouvé encore à la *Posada*, un Ecclésiastique qui vient de *Siguenza* sur une mule. L'affabilité du Corregidor s'est étendue jusqu'à lui, & il nous a obligés l'un & l'autre à prendre notre part du diné que son Cuisinier avoit préparé; l'arrivée de ce nouveau venu ne m'a point déplu, il m'a paru très enjoué, & parler avec facilité; ce qu'il a de commun avec presque tous les Espagnols. Sa Reverence (c'est ainsi que nous le distinguons) est chanoine de la Cathédrale de Siguenza: à l'occasion d'une difficulté que lui & ses confreres ont eue avec leur Evêque, un ordre de la Cour la forcé, aussi bien qu'eux, de quitter la ville de leur résidence: On ne sait quand ils seront rappellés. En attendant, notre chanoine va passer quelques mois à Barcelonne avec un de ses freres qui y est pourvu d'une charge militaire qui lui donne quelque pouvoir. J'aurai par ce moyen un compagnon de voyage jusques là, étant déja convenu avec lui, que son Domestique, qui le suit à pied monteroit sa mule, & qu'il entreroit dans ma chaise avec moi. C'est ce que nous avons commencé à faire cet après midi : il n'est pas malheureux d'avoir rencontré quelqu'un qui a une place, dont il peut disposer, surtout la chaleur étant excessive. Depuis que j'ai quitté *Alcolea*, le soleil est devenu tous les jours plus piquant; & si le chanoine avoit été obligé de monter sa bête, il ne s'en seroit pas trop bien trouvé, étant fort chargé d'embonpoint.

Je ne vous parlerai point de la gaieté de notre diné, & des reparties de la petite *Pepina* à son *Cortejo* (galant) nous avons quitté *Maria* à deux heures, & sommes arrivés dans cette ville avant cinq, la distance de l'une à l'autre n'étant que de deux lieues. Le chanoine, outre plusieurs autres choses, m'a instruit des mesures que le Roi à ce qu'on assure va prendre pour pouvoir mettre son Royaume sur un bon pied. On ne tardera pas à défendre la sortie de la laine; non pas de toutes les provinces du Royaume, cela n'est pas encore pratiquable, mais seulement de la *Vieille Castille*, où l'on doit établir des Manufactures aux dépens de S. M. L'on réparera en plusieurs endroits les grands chemins; de nouvelles *Ventas* & *Posadas* seront bâties le long de ceux qui sont les plus fréquentés, & pourvues de toutes les commodités poſſibles : on invitera des étrangers à venir les habiter. On tâchera auſſi d'en attirer d'autres, & de les engager à s'établir dans *Sierra Morena*, c'eſt-à-dire dans les montagnes qui ſont entre Madrid & Cadix, où l'on doit fonder des villages (19) & des villes pour les recevoir. Il paroît qu'une partie très-conſidérable de ces montagnes à été ſans habitans depuis l'époque de l'expulſion des Maures. Le Roi en eſt le ſeul propriétaire, & cette propriété ſera concédée aux différens particuliers des pays étrangers qu'il invitera à s'y établir; en outre il s'engage à leur conſtruire des maiſons, & à leur fournir ce qui leur eſt néceſſaire pour cultiver les terres. On doit encourager ſoigneuſement toutes les ſciences, à ajouté le chanoine, & les arts ne ſauroient manquer de faire des progrès ſous la puiſſante protection de notre nouveau Monarque.

Telles ſont les eſpérances que le nouveau regne a fait naître dans l'eſprit des Eſpagnols; je ſouhaite quelles ne ſoient

(19) Depuis la date de cette lettre, on n'a pas tardé à exécuter une partie de ce plan, & on a conſtruit quelques centaines de maiſons dans ces Montagnes; juſqu'à préſent le nombre des étrangers qui s'y ſont établis eſt peu conſiderable.

point vaines : mais il en est de même à peu près dans tous les pays; les changemens de Souverains présentent souvent à l'imagination des idées flatteuses peu proportionnées à ce qu'on a lieu de se promettre des forces humaines. C'est ce qui me fait craindre que l'attente des Espagnols ne soit déçue, leur derniere guerre d'Italie les a également épuisés d'hommes & d'argent; & il faudroit selon moi des tresors trop considérables pour exécuter des projets aussi dispendieux. Peut-être que plus d'œconomie dans l'administration des finances, quelques réglemens pour l'observation du Careme & des jeûnes, quelques restrictions tendantes à empêcher l'accroissement des moines & des religieuses, & quelques autres dispositions de cette nature dont j'ai ouï parler à Madrid, contribueroient au rétablissement de cette Monarchie, qu'une longue suite de fausses mésures a mise dans l'état où elle se trouve. Mais ce qui paroît facile dans la spéculation ne l'est pas toujours autant dans la pratique, & les changemens ne se font pas aussi rapidement qu'on l'imagine. Les ouvrages considérables, & les nouvelles entreprises requierent beaucoup de persévérance & de constance; & les Rois n'ont pas la puissance d'inspirer à leurs Ministres

& à leurs agents cette vertu lorsqu'elle ne leur est pas naturelle, quelque soit le dégré auquel ils en sont eux-mêmes doués. Je suis trop peu instruit de ce qui se passe dans le Conseil de Madrid pour oser hazarder le moindre pronostic. Je suis enchanté de la confiance aveugle de ma nouvelle connoissance, le chanoine, & si j'étois né Espagnol, je tâcherois de penser comme lui, parce que de tous les songes, ceux qui flattent nos espérances sont les plus agréables.

Les environs de cette ville de Saragosse sont très-rians, surtout dans cette saison, où tous les paysans tant mâles que femelles sont occupés de leurs vendanges. La fertilité de leurs vignes peut à peine se concevoir. Je n'ai jamais vu une si grande abondance de grosses grappes, si bien colorées. Vous savez que le tems de cette recolte est celui où nos paysans se divertissent le mieux; ce n'est pas non plus celui, si je peux en juger par ce que j'ai vu aujourd'hui, où ceux d'Arragon sont le plus tristes. Tant les hommes que les femmes paroissoient enchantés à la vue de leurs seps de vigne pliants sous le faix ; ils chantoient & dansoient en marchant & portant sur la tête des paniers pleins de raisins.

L'envie que j'ai eue de voir cette scene

de plus près m'a fait defcendre de ma chaife, j'ai monté la mule du chanoine & j'ai jeté curieufement la vue devant & autour de moi. Je ne me rappelle aucune de nos villes dont l'afpect foit plus beau & plus enchanteur que celui du territoire de Saragoffe. Ses dômes & fes clochers, les vignes, & une quantité innombrable d'arbres de chaque côté, la plaine bordée de montagnes, avec le plus beau ciel qu'il foit poffible de s'imaginer, forment une perfpective digne du pinceau de Claude Lorrain.

Ayant joui pendant quelques minutes de cette charmante vue, j'ai trotté du côté où j'ai apperçu quelques Soldats qui faifoient l'exercice à ma gauche, & je n'ai pas tardé à voir une des portes de la ville. Je m'y fuis arrêté pour attendre mes Caleffèros, j'ai été étonné de leur lenteur, comptant qu'ils arriveroient prefque auffi-tôt que moi. Mais les ayant attendu pendant une heure, en regardant les évolutions du Bataillon de troupes, & m'impatientant de ce qu'ils n'arrivoient point, je fuis entré, & ai demandé la *Pofada del pillar*, où je favois que nous devions loger. Un jeune tambour que j'ai bientôt reconnu pour un Italien, m'a offert de m'y conduire, j'ai accepté fon offre. En descendant de cheval à la porte de la *Posada*, j'ai trouvé à mon grand étonnement que mes gens y étoient rendus depuis une heure ; ne fachant ce qui avoit pu retarder mon arrivée. Nous nous fommes informés de vous à la porte de la ville, m'a dit Baptifte, les commis de la Douane nous ont affuré qu'ils n'avoient vu paffer aucune perfonne qui reffemblât à celle que nous leur fignalions. Et moi, ais-je dit, j'ai attendu pendant une grande heure à côté de cette porte, j'ai regardé de tous mes yeux, fans voir paffer de chaife. Comment cela peut-il être ? Comment cela eft-il arrivé ?

Meffieurs, a dit mon compatriote le tambour, il me fera facile de vous en rendre raifon : il nous a expliqué fur le champ l'énigme en nous nommant la porte par laquelle je fuis entré. Je n'avois pas apperçu la plus proche, & avois pris à gauche au lieu de prendre à droite : Vous vous imaginez bien que ma méprife a fait rire les affiftans, & que les rieurs n'ont pas été de mon côté.

Ayant rendu mes refpects à *Dona Mariana*, & embraffé ma petite Maîtreffe, *Don Diego* & moi avons été vifiter Notre-Dame *del Pillar*, digne objet du Voyage du Conducteur d'ânes, qui l'a engagé à quitter les montagnes de Burgos.

Cette

Cette *Notre-Dame*, est une figure de bois, qu'on nomme *del Pillar* parce qu'elle est debout sur une colomne de marbre placée dans une Chapelle souterraine fort sombre, où l'on ne sauroit la voir qu'au travers d'un trou qu'on a fait pour cela dans la muraille.

L'Eglise, qui renferme cette figure, est très-vaste, & d'un Architecture majestueuse, elle auroit besoin d'un meilleur parquet que celui qu'elle a, qui est composé de briques toutes usées qui s'en vont en poussiere. L'Eglise contient quelques Chapelles très-spacieuses, dans lesquelles sont des autels superbement ornés, surtout de tableaux. On est actuellement occupé à construire au milieu de cet édifice sacré une espece de Dôme, soutenu par des colomnes de marbre rouge, qui se trouve dans les carrieres de Tortosa; ce marbre paroît aussi beau que le porphire, & comme Tortosa est au bord de la mer, à l'embouchure de *l'Ebre*, je suis surpris qu'on n'en transporte pas dans les pays étrangers; & qu'il ne soit pas plus connu qu'il ne l'est. Les colomnes du Dôme ont leurs chapiteaux & leurs piedestaux de bronze doré. La figure & la colomne seront mises sous le Dôme dès qu'il sera fini; & on les y placera sur un autel, dont la partie

Tome III. K

antérieure sera d'argent massif & pesera environ six cents livres, si ce qu'on m'a dit n'est pas exagéré.

Saragosse est peut-être la seule ville de la Chrétienté qui ait deux Cathédrales: cette Eglise de Notre-Dame en est une. L'ancienne est un édifice antique, dont la déscription détaillée rempliroit un Volume; tant elle renferme de choses curieuses. Je ferai seulement mention d'un Crucifix de bois, dont les ongles croissent une fois par année: J'ignore à quel propos il fait un pareil miracle. Qu'à-t-il besoin d'ongles? Peut-être que leurs rognures étoient autrefois distribuées comme des reliques aux dévots. A présent cela ne se fait plus, par conséquent ce miracle ne sert plus à rien.

Un certain nombre de Chanoines officient alternativement six mois dans une Eglise, & six mois dans l'autre. La populace de cette ville assure que l'ancienne Cathédrale a été bâtie par les Maures, & leur servoit de principale mosquée. Mais quelques antiquaires disent le contraire, & prétendent que c'est un ouvrage des Chrétiens pendant le regne de ces mêmes Maures; qui leur permettoient le libre exercice de leur religion dans plusieurs endroits d'Espagne surtout en Aragon. Si les Espagnols avoient suivi leur exemple lorsqu'ils devinrent à leur tour les maîtres, leur pays seroit vraisemblablement mieux peuplé qu'il ne l'est : Mais auroient-ils joüi de la paix intérieure que leur a procuré leur expulsion ? C'est une autre question qu'il n'est pas trop facile de décider.

Quand à la figure & à la colomne, les Aragonois sont fermement persuadés, qu'elles sont descendues du Ciel en même-tems que l'Apôtre St. Jâques étoit occupé à sa mission dans cette partie du monde; qu'alors la figure parla à l'Apôtre, & l'encouragea à prêcher l'Evangile aux Espagnols qui étoient encore payens, promettant qu'elle ne permettroit jamais qu'on la transférât de Saragosse tant que le monde dureroit; & qu'elle seroit la constante protectrice de la Monarchie Espagnole en général, & du Royaume d'Aragon en particulier.

La question de savoir si St. Jâques a jamais été en Espagne, est trop délicate pour être agitée de ce côté des Pyrenées; du moins je craindrois de soutenir la négative. J'ai lu quelque part qu'un savant François nommé *Godeau* (Evêque de Vence, si je ne me trompe) avoit composé un ouvrage sur ce sujet pour prouver que cet

Apôtre n'y avoit point été. Aucun Evêque Espagnol n'oseroit en faire autant, quoiqu'ils soient vraisemblablement tous persuadés que *Godeau* a raison. Le corps de St. Jâques à *Compostelle* en *Galice*, & son Eglise est le second pélerinage du monde Catholique: vous savez que le premier est notre *Lorette*.

La dévotion des Aragonnois pour leur *Notre-Dame* est si grande, qu'elle leur a presque fait oublier un autre patron qu'ils ont eu pendant plusieurs siecles. Je veux parler du belliqueux St. George, révéré pareillement dans les tems réculés par les Anglois comme le protecteur de leur Isle.

Comme je pars demain, je ne saurois vous donner aucun détail sur les autres édifices publics ou particuliers que l'on peut voir ici, qui sont en assez grand nombre, & dont quelques-uns méritent d'être connus. Je vous parlerai encore moins des mœurs & des coutumes des habitans, je ne vous dirai rien de leurs singularités, ni ne vous indiquerai point en quoi ils different de celles du peuple de Madrid ou d'autres Provinces d'Espagne. Il faudroit pour se hazarder à vous donner de pareils détails faire ici un séjour de quelques mois. Tout ce que je peux vous dire, c'est qu'en général quelques quartiers de Saragoſſe ſont très-bien bâtis; que pluſieurs de ſes rues ſont tirées au cordeau, longues & ſpacieuſes, ſurtout celle qu'on nomme le *Coſſo*, où la nobleſſe & les gens riches viennent ſe promener en Caroſſe dans les beaux jours pour prendre l'air. Ils vont doucement à la file les uns des autres en maniere de proceſſion montans & deſcendans le long de la rue ainſi que cela ſe pratique à Turin ſur *l'Eſplanade*.

On prétend que ſa population va à un peu moins de ſoixante mille âmes. Cette ville eſt ſituée ſur l'Ebre, qui eſt la riviere la plus conſidérable d'Eſpagne, elle a deux ponts ici, l'un de pierre, l'autre de brique, tous deux fort bien conſtruits. Au moyen des batteaux qui naviguent ſur l'Ebre, Saragoſſe communique facilement avec la Méditérannée, qui n'en eſt pas à plus de quarante lieues: elle a par conſéquent une eſpece de commerce. Il n'y a point de ville dans ce Royaume, ſi l'on en excepte Madrid, où il y ait tant de nobleſſe, & de gens opulents dont, à ce qu'on m'a dit, près de quatre cents ont équipage. Il ne ſe trouve pourtant parmi cette nobleſſe que peu de Grands d'Eſpagne; ils préferent auſſi long-tems que leurs revenus le leur permettent & qu'ils peuvent faire figure, le séjour de la Capitale.

Le Royaume d'Aragon a été reconquis sur les Maures par ses propres habitans, & débarassé de ces Mahométans avant aucune autre Province d'Espagne. Et comme nul Prince de la Chrétienté ne formoit aucune prétention sur ce pays, ou que si l'on fit quelques réclamations elles ne furent point écoutées, les Aragonois se choisirent eux-mêmes un Roi, ainsi que plusieurs légendes & nombre de Romans nous l'apprennent au défaut des Historiens ; les événemens de ces tems là étant fort enveloppés de ténebres. Au lieu cependant de faire un noble présent de leur Royaume au Prince qu'ils éleverent le premier sur le trône, ils lui imposerent des conditions si dures que cette place ne valoit presque pas la peine d'être acceptée. L'une de ces conditions fut, que son autorité seroit subordonnée à l'inspection d'un Magistrat nommé *Le Justicia :* dont le pouvoir étoit dans le fond au-dessus du sien. Lors de l'accession d'un Roi à la Couronne, le Justicia disoit ces paroles à ce fantôme de Monarque. *Nos que valemos tanto ce mo vos, os hazemos nuestro Rey, y Senor, con tal que guardeis nuestros fueros, y libertades ; si no, no.* C'est-à-dire, *Nous qui valons autant que vous, nous vous faisons notre Roi, & Seigneur, à condition que vous protégerez nos loix & nos libertés; si non, non.*

Quelques dures que soient les conditions, il y a peu de particuliers qui aient assez de fermeté pour refuser un Royaume; mais ce compliment étoit trop moqueur & trop insultant pour être long-tems souffert par celui qui étoit parvenu à cette haute dignité, ou du moins par ses successeurs, *plusieurs*, dit Quevedo avec cette delicatesse qui lui est si ordinaire; *plusieurs ont la patience de montrer de l'humilité, tandis qu'il n'ont pas le pouvoir d'être arrogants:* ce cas a été celui des Rois d'Aragon, & auroit été celui de tout autre. Ils ont souffert cette façon d'installation si humiliante, tant qu'ils ont été foibles, & ont protégé les loix & les libertés; mais comment espérer qu'ils se prêteroient de bonne grace à une chose déshonorante pour eux, & qui les rendoit méprisables aux yeux de tous les autres Souverains, les exposant aux railleries de leurs sujets à l'instant qu'ils montoient sur le trône? Les anciens Aragonois connoissoient bien peu l'esprit humain, lorsqu'ils osoient se flatter que leur Roi leur céderoit en fierté & qu'il ne donneroit pas, dès qu'il le pourroit, un libre essor à la sienne. En conséquence dès que ces Monarques eurent acquis quelque consistance, ils forcerent leurs sujets à retrancher le discours peu respectueux qu'ils leur tenoient lors du Couronnement, & asservirent la volonté du *Justitia* à la leur. Ce Magistrat cependant continua encore pendant quelque-tems à jouïr d'une autorité considérable; des droits de cette nature ne s'anéantissent pas tout d'un coup, les siens furent pendant plusieurs siecles en opposition avec ceux des Rois. Mais Philippe II. les annulla d'un seul coup à l'occasion de ce que je vais rapporter.

Ce Monarque, qui étoit un des hommes les plus cruels & les plus fiers qui aient jamais existé, avoit un Secrétaire d'Etat nommé *Antonio Perez*; il le chargea de faire perir secrétement un agent de son frere naturel *Don Jean d'Autriche* qui l'embarrassoit. Perez ne put se dispenser d'obéir aux ordres de son maître, en conséquence l'agent fut assassiné dans les rues de Madrid par des scélérats gagés.

Après une action aussi atroce, les parens de l'agent, qui en découvrirent l'auteur, poursuivirent *Perez* & le traduisirent par devant les tribunaux ordinaires. Celui-ci se trouva dans une position très-critique;
le

le Roi d'un côté lui ayant expressément défendu de jamais révéler qu'il avoit agi par son ordre, tandis que de l'autre sa Majesté ne jugea pas à propos d'arrêter la procédure, quoiqu'il eût pu le faire d'un seul mot.

Il seroit trop long de détailler les peines que *Perez* soufrit pendant une poursuite qui dura plusieurs années. Il fut détenu en prison, ses biens furent confisqués, ses membres furent disloqués par la question; sans que le Roi daignât penser à sa situation, Perez lui fit souvent parvenir ses plaintes par lettres, eut recours à son Confesseur pour engager le cœur infernal de ce Monarque à avoir pitié de sa misere, & à le délivrer de ses persécuteurs: tout fût inutile. Après plusieurs années d'esclavage & de tourments, Perez trouva moyen de s'évader de sa prison, & s'enfuit à Saragosse, où le *Justicia*, bien instruit de toute son histoire, le prit sous sa protection. Le peuple de Saragosse, qui savoit tout aussi bien que le *Justicia* que *Perez* n'avoit agi qu'en conséquence de l'ordre exprès du Roi dans l'assassinat de l'agent de *Don Jean*, confirma la protection qui lui avoit été accordée par leur principal Magistrat, & résolut généreusement de ne point l'abandonner. Cette résolution des Aragonois irrita le fier Monarque qui paroiſſoit prendre plaiſir aux ſouffrances de *Perez* & ceſſant de diſſimuler plus longtems ce que tout l'univers ſavoit, & ce qui s'étoit paſſé relativement au cruel meurtre de l'agent, Philippe dévoua à la mort *Perez* & le *Juſticia*, & projetta d'anéantir en même tems tous les anciens privileges dont jouiſſoient ceux qu'il appelloit ſes rebelles ſujets. Malheureuſement il ſe trouvoit pourvu des forces néceſſaires pour aſſouvir ſur le champ ſa barbare vengeance. Il envoya une armée en Aragon, trop forte pour pouvoir être attaquée avec quelque eſpece d'égalité par une populace tumultueuſement raſſemblée. Cette armée s'empara ſans aucune réſiſtance de Saragoſſe, & le *Juſticia* tomba entre les mains du Roi, qui le fit exécuter une heure après qu'il eut été pris, ſans aucune eſpece de forme de procès, avec un grand nombre de chefs des révoltés.

C'eſt ainſi que finit le pouvoir de ce Magiſtrat, & que les Aragonois perdirent leurs loix & leurs libertés. Depuis près de deux ſiecles ils ont été tout auſſi ſoumis à leur Roi que ſes autres ſujets, & le tems qui fait oublier toutes choſes, a à la fin totalement détruit juſqu'au ſouvenir de leur *fueros y libertades*. (Loix & libertés.) Quand à *Perez*, il eut le bonheur, durant la confusion & le tumulte causés par l'armée de Philippe, lors de son entrée dans Saragosse, de se sauver & de gagner la France où il passa le reste de sa malheureuse vie. Etant dans ce Royaume, il y publia quelques ouvrages où l'on trouve la relation de toute cette cruelle affaire. J'ai en ma possession un de ces livres qui sont devenus très-rares, il a pour titre Lettres *d'Antonio Perez*, imprimées à Paris sans date ; je l'ai lu d'un bout à l'autre. L'auteur se plaint dans plusieurs de ces lettres de l'incomparable barbarie de Philippe, tant envers sa personne qu'envers son innocente famille, qui fut jetée en prison après sa fuite d'Espagne, une petite fille âgée de six ans n'en fut pas même exceptée. La mémoire de ce Roi ne sauroit être présentée sous un jour plus odieux. Que seroit devenu le pauvre *Perez*, si le généreux Henri IV. ne l'avoit pris sous sa protection, & ne l'avoit mis à l'abri de la cruauté réfléchie & incompréhensible de son barbare maître ?

Je me suis assez écarté de mon sujet, & je reviens à l'histoire du jour. Ayant visité les deux Cathédrales, Don Diego & moi nous sommes revenus à la Posada, où nous avons trouvé que Dona Mariana avoit fait monter quelques aveugles mendians pour jouer du violon & chanter afin d'amuser la petite Pepina: permettez que je vous régale d'un morceau de la poësie simple & naturelle des poëtes sans yeux de Saragoſſe.

*Dican los Eſpanoles
Gon grande anhelo
Viva nueſtro Monarca
Carlos Tercero.*

*Hagan ſelva, mirando
Que Carlos Uega,
Y deſpeus los clarines
Haran la ſena*

*Zaragozza la noble
Tene un letrero
A do dice que Viva
Carlos Tercero.*

*El diſcreto y prudente,
Sabia y affable.
Y en quanto a Piadoſo
Hijo de madre.*

Je ne chercherai pas à vous faire appercevoir le *Chiſte*, ainſi que s'expriment les Eſpagnols, ou la *ſubtilité facétieuſe* que contient le dernier de ces vers: Que la poëſie en ſoit péſante ou ſpirituelle, il eſt également impossible de les traduire de maniere à pouvoir faire distinguer l'un ou l'autre. Je n'éssaierai pas non plus de vous indiquer la différence qui se trouve entre le langage de ces stances (qui est l'Aragonois vulgaire), & le véritable Castillan : cette différence est si peu considérable qu'elle ne mérite pas que j'en fasse l'analyse. Je vous ferai seulement encore observer, que l'usage de faire rimer ensemble les mots *Anhelo*, *Uega* & *Affable* avec *Tercero*, *Sena*, & *Madre*, seroit insuportable pour une oreille Italienne, si l'on tentoit de l'introduire chez nous, qui avons été accoutumés depuis longtems, ainsi que les François, dans nos vers à la plus grande exactitude dans la ressemblance des sons, & à rimer correctement.

Cependant cette consonance défectueuse dont les Espagnols se servent dans leurs chansons, paroit encore moins étrange & moins grossiere à mon oreille, que celle que je rencontre souvent dans leurs Drames, qui consiste en une ressemblance de sons dans la derniere cadence, de deux vers en deux vers, pendant un assez longtems. Vous comprendrez mieux ce que je veux vous dire par l'exemple suivant, que je tire d'une Comédie de Calderon in-

VOYAGE DE

titulée *El Escondido y la Tapada*. (Le Caché & la Couverte.) Un maître & son domestique s'entretiennent ensemble de la maniere suivante, dans la premiere scene.

LE VALET.

Yo, aunque el martirologio
Romano aqui me trax eran
Para que escogiera muerte
A mi proposito, fuera
Sin agradamar ninguna
Vanissima diligencia,
Porque no ay tan bien prendida
Muerte que bien me paresca.
Que culpa teng yo de que
Tu a morir contento Vengas
Para traérme de arréata?

LE MAÎTRE.

Pues, dime tu, que rezelas
Si tu en nada estas culpado,
Ni te hallaste en la pendencia?

LE DOMESTIQUE.

Pues, si un triumfo matador
Arrastra los que en cuentra,

Un amá matador, dime,
No arraſtrará (coſa es cierta)
Qualquiera triumfo criado?

LE MAÎTRE.

No vi lo cur a mas necia.

LE DOMESTIQUE.

Y eſto a una parte, Senor,
Que razon ay de que ſéa
San cerrado tu capricho,
Que, y a que me traes, no ſepa
A que me traes? Dime pues
Que es lo que en Madrid intentas?

Les deux interlocuteurs continuent cette même maniere de rimes juſqu'à la fin de la ſçene, qui n'a pas moins de deux cents vers, tous ayant alternativement le même ſon de ceux que j'ai cités. Les gens qui ne ſont point accoutumés à ces ſingularités ſont aſſez portés à ſe récrier contre les choſes auxquelles ils ne ſont point faits. C'eſt ainſi que j'ai entendu pluſieurs Italiens ridiculiſer gauchement les vers *Alexandrins* des François, & les *Décaſyllabes* des Anglois: c'eſt ainſi que pluſieurs impertinens critiques François & Anglois blâment ces mêmes vers Alexandrins dont on se sert en France, & les *Ottava* d'Italie ; sans réfléchir que la nature a été dans tous les pays la maîtresse des premiers poëtes, & leur a indiqué l'espece de vers qui convenoit le mieux à leurs différentes langues. Je ne me rappelle, je l'avoue, aucun François, Italien, ou Anglois, qui ait jamais tenté de critiquer la versification Espagnole; vraisemblablement parce que, parmi les gens de lettres des trois nations, il s'en est trouvé très-peu qui se soient sérieusement appliqués à cette langue : si quelqu'un d'entre eux avoit dirigé ses études de ce côté, nous aurions vraisemblablement eu bien des jugemens absurdes sur cette matiere, parce que leur maniere de rimer ne s'accorde avec aucune de celles de ces peuples. Quoique je ne puisse nier qu'une longue suite de rimes comme celles que j'ai citées, ne sauroit me plaire, cependant je regarde comme une chose avérée qu'il n'en est pas de même des gens du pays, puisque leurs poëtes recherchent soigneusement pareilles *Assonancias* (ressemblances de sons) & en ornent souvent les scenes de leurs pieces de théâtre. Le dégout qu'elles me causent prouve seulement que je suis encore fort éloigné d'avoir saisi la véritable harmonie de cette langue, quoiqu'au jugement de plufieurs je puffe paffer pour fort habile, étant en état d'expliquer un auffi grand nombre de mots de cette langue que plufieurs Efpagnols.

Il eſt tems de mettre fin à cette lettre & à mes digreffions. Je vous ai déjà dit, que les raifins qui croiffoient dans le voifinage de cette ville, font très-beaux à la vue, je vous dirai à préfent qu'ils ne font pas moins delicieux au goût; le vin qu'on en tire eſt peut-être trop fort & trop mielleux pour fervir de boiffon ordinaire. Je m'imagine que les gens de ce pays ne favent pas trop bien le faire, & qu'ils laiffent trop meurir les raifins, ce qui eſt caufe, à ce que je crois, de cette trop grande douceur, & de ce que leurs vins font huileux : deux verres du meilleur m'ont plus raffafié qu'une demie douzaine de ceux de France ou de Piémont n'auroient fait.

Saragoffe eſt une corruption de *Cæfarea Augufta*. Le changement de *Cæfarea* en *Zara* n'eſt pas particulier à l'Efpagne. La ville de *Zara* en *Dalmatie*, s'appelloit pareillement *Cæfarea* chez les Romains.

LETTRE LXVIII.

Laideur miraculeuse. Conjecture à ce sujet. Tuiles de différentes couleurs. Voyager lentement est avantageux. Eglises & autres Edifices de Saragosse. Tableaux représentant des Martyrs. Avocats Espagnols & Piémontois peu louables. Statues peintes. Les paresseux & les pauvres également avides de se trouver aux lieux de dévotion extraordinaire. Paysanne embrassée par surprise. Vers blancs & assonancias, &c.

Villa-Franca, 22 Octobre 1760.

Vous regarderez ce que je vais vous dire plutôt comme un pur badinage que comme une observation sensée, cependant il est vrai que de toutes les *Madones* ou *Notre-Dames* miraculeuses que l'on voit dans les différentes parties du monde Catholique, il n'y en a pas une seule qui ait été peinte ou taillée avec un beau visage.

Outre celle de *Turin*, que nous nommons la *Consolata*, j'en ai vu nombre d'autres en différentes parties de l'Italie, telles que celle de *Mondevi*, celle de *St. Celse* à *Milan*, celle de *Caravaggio*, deux ou trois à *Venise*, & surtout la très-célebre de *Lorette*. Je les ai toutes soigneusement examinées; & je n'en ai réellement pas trouvé une seule, qui ne fît déshonneur au plus chétif de nos peintres modernes, tant par le dessein que par le coloris: Elles ont toutes ou le nez de travers, ou une trop grande bouche, ou un menton peu proportionné, ou quelqu'autre défaut de cette espece, outre qu'elles sont toutes tirant sur le noir ou couleur de brique. Celle de Saragosse ne vaut pas mieux que les autres, autant qu'il m'a été possible de la voir, quoique je ne l'aie regardée que par un trou, & à la pâle lueur d'une lampe qui étoit devant elle: les Espagnols prétendent néanmoins qu'elle est l'ouvrage des Anges; à l'exemple des Italiens qui soutiennent que la plus grande partie des leurs sont de la main de *St. Luc*.

Nous aurions cependant tort d'être surpris de la barbarie des pinceaux ou des ciseaux qui les ont produites; elles sont les fruits informes des siecles grossiers; mais ce qui m'étonne c'est que de toutes celles peintes par Raphaël, le Guide, les Caraches, Titien, Sassoferrato, Maratti, &

nombre d'autres excellens peintres, aucune n'a jamais été assez heureuse pour qu'on lui attribuât le pouvoir de faire des miracles; non pas même la *Pieta*, chef d'œuvre du plus grand artiste d'Italie n'a jamais pu guérir la plus petite fievre, ou soulager le moindre mal de dents de la dévote la plus zélée de Rome.

M'entretenant sur ce sujet avec mon nouvel ami le Chanoine; & lui faisant remarquer le peu de pouvoir des *Madonas* les mieux peintes, & cherchant les raisons les plus plausibles d'un pareil phénomene, nous n'en avons pu découvrir une meilleure que celle-ci; savoir que leurs *Murillos* & *Velasquez* aussi bien que nos *Michel Anges*, & nos *Raphaëls*, lorsqu'ils les peignoient ou sculptoient n'étoient point animés de cette ferveur, & de cette dévotion qui enflammoit les simples artistes des siecles d'ignorance, mais qu'ils se livroient entierement à leur vanité, & à l'envie de faire parade de leur habileté dans leur art; c'est ainsi qu'il arrive (ajouta le Chanoine) que ceux de nos orateurs sacrés, qui cherchent à se faire admirer par la délicatesse de leur langage, ou la force de leur éloquence, n'opérent jamais ou presque jamais des conversions, tandis que les Prédicateurs qui prêchent simplement, & n'ont d'autre but que de bannir le péché du monde, font ordinairement naître la contrition & le repentir dans les cœurs de la plus grande partie de leurs auditeurs.

J'oubliai de vous dire hier que l'extérieur de la couverture des cinq dômes de la nouvelle Cathédrale eſt formé de tuiles concaves & convexes, alternativement placées, quelques-unes peintes en rouge, d'autre en bleu, en verd, & quelques-unes en jaune, comme l'habit d'Arlequin: malgré cela la régularité de cet arrangement donne à ces dômes un aſpect très-agréable, vus d'une certaine diſtance. Venons-en à préſent à l'Hiſtoire du jour.

Nous n'avons fait hier que ſix lieues, & aujourd'hui ſeulement cinq. Cette façon de voyager vous paroîtra ennuyeuſe; je ne ſuis pas tout-à-fait de votre ſentiment puiſque je me trouve dans le cas, je ne ſuis point fâché de profiter de l'occaſion que j'ai d'examiner à loiſir le pays que je parcours. J'ai par ce moyen la facilité de faire des obſervations qui m'échapperoient ſi je voyageois plus rapidement: une marche lente dans des endroits où il n'y a rien de curieux à voir eſt je l'avoue quelquefois aſſez déſagréable: c'eſt pour cette raiſon que je n'ai point été fâché hier au ſoir, lorſque mes Caleſſeros m'ont prié de permettre qu'ils ne partiſſent qu'à midi au lieu de ſept heures du matin. J'ai profité de ce tems pour parcourir *Saragoſſe* & viſiter les Egliſes, & les autres édifices publics.

Tous ceux qui paſſent par cette ville ne ſauroient s'exempter de voir l'Egliſe de St. Laurent & ſon maître autel. A peu de diſtance de cette premiere on trouve celle de St. Pierre Velaſquez, que l'on aſſure être la plus riche de la ville; mais comme elle étoit fermée je n'ai pu la voir. Celle des Jéſuites eſt petite, mais le dedans en eſt entierement doré, ce qui produit un effet ſurprenant. Les cloîtres ſont ornés des portraits en grand de ceux de ces peres qui ont été décorés de la pourpre Romaine, ou ont été placés au nombre des ſaints: ainſi que de ceux de pluſieurs Grands Seigneurs & Grandes Dames qui ont été les bienfaiteurs de l'ordre.

Tout auprès de l'Egliſe des Jéſuites eſt un Hopital connu ſous le nom de *Saint*. Il contient près de ſept cents malades des deux ſexes. L'Egliſe qui en dépend, quoique très-vaſte, eſt fort obſcure, ce qui provient du peu de hauteur de ſon plafond, qu'un homme de haute taille pourroit preſque toucher du bout des doigts. Je n'ai jamais vu d'édifice ſi diſproportionné; cependant cette diſproportion n'eſt pas tout-à fait sans majesté. On prétend qu'il est l'ouvrage des Maures.

L'Eglise des Françiscains mérite aussi d'être vue, surtout son maître autel, & une petite chapelle qui est derriere, composée des marbres les plus curieux qui se trouvent en Espagne. Dans les vastes cloîtres annexés à l'Eglise, au lieu des portraits des Seigneurs & des Dames qui sont dans ceux des Jésuites, on y voit des peintures à fresque, qui représentent quelques uns du grand nombre des Françiscains qui ont souffert le martyre dans les quatre parties du monde. Les différens artistes qui ont été employés à cet ouvrage, paroissent avoir épuisé leur imagination à inventer des tourmens extraordinaires pour les pauvres moines, dont quelques uns sont représentés dans la posture de gens qu'on scie, ou trainés sur des pierres rabotteuses par des chevaux & des taureaux, ou foulés aux pieds par des éléphants, ou embrochés à des broches de fer, & rôtis devant un brasier ardent par des payens, qui rient de leurs souffrances, & montrent les dents au travers de leurs épaisses monstaches; outre plusieurs auxquels on coupe les jambes & les bras, ou qu'on se contente simplement de pendre ou de décapiter.

Tome III.

L'Eglife de St. Gaëtan renferme auffi plufieurs chofes curieufes. Elle appartient à un ordre réligieux moderne nommé des Ecoles pies, dont les membres ont le privilege d'enfeigner les principes du latin aux jeunes gens; privilege que ces bons peres ont enlevé depuis peu aux Jéfuites, après une longue & vive conteftation.

Le palais de l'Archevêque eft fitué à la rive droite de *l'Ebre* à une égale diftance des deux portes. Son extérieur n'a rien de frappant, mais on m'a affuré que quelques uns de fes appartemens ne le cedent en rien aux plus magnifiques de Madrid. Je n'ai pas eu le temps de les voir.

L'Audiencia, c'eft-à-dire le principal Tribunal de judicature, eft auffi, lorfqu'on le regarde en dehors, un édifice affez groffier. Le chanoine m'affure que les gens de loi qui en tirent leur fubfiftance, & dont le nombre eft étonnant, font tout auffi habiles que ceux de Madrid à embrouiller une affaire, & à écorcher leurs clients. Il paroît qu'en Efpagne, ainfi qu'en Italie, les Avocats fe font un devoir, entr'autres chofes, de parler & d'écrire dans un jargon barbare qu'ils ont inventé, & qu'ils nomment pompeufement le langage de la loi. Vous lirez éternellement nos *Cervantes* &

nos *Calderos*, a ajouté le chanoine, sans acquérir jamais assez de connoissance de la langue Espagnole pour entendre nos Avocats, lorsqu'ils plaident dans nos *Audiences* soit en matieres civiles ou criminelles. Un plaideur gagne ou perd son procès, est déclaré innocent ou pendu, sans avoir entendu un seul mot de ce que l'on a allégué pour ou contre lui. Nos gens sensés, & instruits regardent nos jurisconsultes comme les principaux & les éternels corrupteurs de notre langue & de notre éloquence, tous s'efforcent à l'envi de surpasser le reste de leurs confreres par des expressions forcées, & par la barbarie des constructions. On s'est long-tems récrié contre l'absurdité d'une pareille pratique, & nos Rois ont fait tous leurs efforts pour l'abolir, mais sans y réussir. Les *Pica Pleytos*, (chicaneurs) continuent sur l'ancien pied, faisant un horrible mélange de l'Espagnol ancien & moderne, du François, du Latin, du Grec & de l'Arabe. Je n'outre point, a ajouté le chanoine. On dit que notre nouveau Roi a pris cette détestable manie en aversion, & qu'il est très-décidé à forcer les Avocats à parler bon Castillan en dépit d'eux-mêmes, mais selon moi cela ne pourra avoir lieu qu'autant qu'il en fera pendre la moitié; c'est-à-dire ceux qui ne se conformeront pas à ce qui aura été statué à cet effet. L'abus est si général & a jeté de si profondes raçines, qu'il ne me paroît nullement susceptible de remede.

Ce que le chanoine m'a dit des gens de loi d'Espagne, peut aussi se dire en général de ceux d'Italie, & de nos Piémontois en particulier. J'entends mon dialecte maternel aussi bien qu'aucun d'eux, & n'ignore pas non plus les autres langues qu'ils y mêlent au barreau, cependant je n'ai jamais pu comprendre parfaitement un seul de leurs plaidoyers. Tel est l'art avec lequel ils composent leur mélange : d'ailleurs plusieurs de leurs mots sont absolument arbitraires & ne se trouvent dans aucun Dictionnaire, Lexicon, ou Glossaire. Il est honteux qu'on les laisse continuer sur ce ton, & qu'on ne les oblige pas à parler de maniere à se faire entendre de la généralité de leurs auditeurs. Que les gens de loi de Paris & de Londres leur ressemblent peu! J'en ai ouï plusieurs, dans ces deux Capitales, s'exprimer avec une pureté & une élégance, qui seroient honneur aux meilleurs écrivains; combien de Mémoires imprimés d'Avocats François, qui pourroient servir de modeles d'élocution ainsi que de saine raison.

Il faut convenir que nous autres Piémontois, aussi-bien que les Espagnols (si mon chanoine dit vrai, comme je crois qu'il le fait) sommes au moins de deux cents ans moins avancés à cet égard que les François & les Anglois (20). Mais finissons ma tournée de Saragosse.

Le Palais du Vice-roi est très-remarquable, pas autant pour la beauté de son Architecture, que pour sa masse énorme, & encore plus pour sa porte surchargée d'ornemens fantasques & singuliers. A chacun des côtés est une statue gigantesque ; toutes deux grossierement sculptées, & de couleur naturelle, afin que les géans paroissent encore plus désagréables à la vue qu'ils ne l'auroient été si la pierre avoit conservé sa couleur ordinaire. A Madrid aussi bien qu'à Saragosse j'ai remarqué qu'il a été de mode pendant un tems de passer les statues en couleur, surtout les chairs & les draperies; j'ai vu une sacristie de cette Métropole où se trouve un ample bas relief traité suivant ce goût absurde & puérile.

(20) Quand aux François l'Auteur a raison, mais les Anglois! Les gens sensés en Angleterre pensent précisément de même, & avec raison de leurs gens de loi, que le Chanoine de Siguenza de ceux d'Espagne.

A Saragoſſe les mendians ſont en beaucoup plus grand nombre qu'à Madrid, surtout dans la nouvelle Cathédrale, où l'on en rencontre une ſi grande quantité qu'il n'eſt pas poſſible de pouvoir dire un *Ave* ſans être interrompu à chaque mot par des gens qui vous demandent la charité. Il en eſt de même dans tous les lieux où ſe trouvent quelques images miraculeuſes. Les pareſſeux ainſi que les pauvres s'y rendent en foule, ſachant bien, que ceux qui les viſitent, ſont en général généreux envers eux, par le même principe qui les porte à ſe rendre dans ces lieux de dévotion.

Je ſuis ſorti à pied vers le midi de Saragoſſe, & j'ai jouï pendant quelques minutes des belles promenades publiques qui ſont hors de ſes murs. Elles ſont toutes bordées de grands arbres touffus, formant des allées tirées au cordeau ; leurs feuilles ne ſont point encore tombées quoique l'automne ſoit déjà fort avancé, ce qui doit vous donner une idée de la douceur de ce climat qui eſt l'un des meilleurs d'Eſpagne.

A environ deux lieues de la ville, j'ai rencontré de nouveau des payſans & des payſanes tranſportant leurs raiſins au logis, ſur des chariots, à dos d'ânes ou de mulets, & dans des panniers fur la tête. J'ai diſtingué parmi cette foule un groupe de très-jeunes & jolies filles, qui ont ſouri en me regardant, & m'ont fait force révérences, redoublant à meſure que j'approchois, plutôt pour ſe moquer de moi, que par civilité : *Jeunes filles*, leur ais-je dit, voulez-vous me vendre une grappe de raiſins ? Non, m'ont-elles répondu toutes à la fois, nous n'en vendons point, mais vous êtes bien le maître d'en prendre autant que vous voudrez dans nos panniers, en diſant cela elles les ont poſés à terre. J'ai profité de leur bonne volonté, en aſſurant que je voulois étrangler la plus jeune des trois avec un mouchoir de ſoye que j'avois par hazard dans ma poche, je le lui ai ſubitement jeté au col, je l'ai tirée à moi, je l'ai baiſée au front, j'ai lâché le mouchoir & m'en ſuis allé. Elles ſe ſont miſes à éclater de rire en voyant ce que je venois de faire, & m'ont appellé pour venir prendre encore quelques grapes de leurs raiſins ; j'ai continué mon chemin, en leur faiſant ſigne de la main & leur criant. Adieu enfans, adieu petites.

On ne trouve pas ordinairement autant de politeſſe chez les payſans des autres contrées, quoiqu'en puiſſent dire nos Poëtes Arcadiens, qui ont placé le féjour de l'urbanité parmi les habitans des campagnes, directement en opofition à l'étimologie de ce mot. J'ai remarqué dans tous les pays où j'ai été que la généralité des payfans ne reffembloit guere aux peintures qu'une quantité innombrable de Poëtes en avoient faites. Je me fuis toujours apperçu que leur groffiereté égaloit leur ignorance, qu'ils étoient ftupidement méchans & cachés, & furtout très-chiches même des chofes dont ils font le plus abondamment pourvus. Mais, vive mes payrannes de la *Puebla*, c'eft le nom du village où elles alloient. Elles font une exception du caractere général des payfans. Je voudrois poffédér affez bien l'Aragonois pour pouvoir compofer une demie douzaine d'Eglogues à leur louange.

Juftement tout proche de la *Puebla* j'ai été joint par mes Caleffèros: le chanoine m'a fait compliment fur mes bonnes jambes qui ont eu la force de me conduire jufqu'ici par un jour auffi chaud, furtout après ma longue promenade du matin dans la ville : plus je l'entends parler plus je l'aime ; il a la gravité qui convient à fon caractere, malgré cela il eft gai; & ne laiffe pas de tems en tems de lâcher quelque plaifanterie. Sa fanté n'eft pas auffi bonne que je le fouhaiterois, mais quoiqu'affligé de la gravelle, & des indifpofitions qui en font la fuite, il ne gémit ni ne fe plaint, ainfi que font continuellement les gens foibles ; il fupporte patiemment fes maux; Il me paroît avoir beaucoup lu dans fa langue, & s'il m'eft permis de décider de ce que je ne connois pas par ce que je connois, le jugement qu'il porte fur les écrivains de fon pays me paroît très-jufte. Depuis la *Puebla* jufqu'à *Villa-Franca*, où nous fommes actuellement, la converfation a roulé fur la Poëfie, qu'il croit être encore en Efpagne fort au-deffous de la perfection où elle pourroit arriver. Il détefte autant les *Affonancias*, que je détefte les vers blancs, & prétend qu'ils ont été inventés par la pareffe, citant différentes authorités, qui prouvent qu'il n'eft pas feul de fon opinion; mais le malheur eft que plufieurs de leurs Poëtes les plus généralement goûtés ont donné leur fanction aux *Affonancias*, de forte qu'il ne fera jamais poffible de les chaffer de leurs poëmes, quelques défigurés qu'ils foient par cette méthode ridicule & abfurde.

Je ne fuis point capable de décider fi mon chanoine a tort ou raifon dans fes assertions: si je fais un second Voyage en Espagne, peut-être serais-je plus au fait de cette matiere.

Nous n'avons point trouvé ici Don Diego, qui étant parti ce matin trois grandes heures avant nous aura poussé jusqu'à *Bujaloroz* ou *Penalba :* de sorte que je ne le reverrai qu'à *Cerbera*, ce qui sera j'espere dans quatre jours. Je n'ai autre chose à dire, si non que le pays a continué à être charmant toute l'après-dîné ainsi que le tems.

LETTRE LXIX.

Sageſſe des écrivains de Voyages. Caractere des Aragonois. Ambition & Intérêt, *comment nommés par les Eſpagnols. La danſe paſſe-tems innocent. Ceux qui peuvent travailler travaillent. Le ſoleil & la terre preſqu'inutiles ſans eau. Induſtrie des Biſcayens & des Aſturiens. Pourquoi l'Aragon eſt plus fertile que la nouvelle Caſtille. Voituriers & leur façon de vivre. Différence de prononciation. Le chanoine a raiſon ſelon moi. Pourquoi les poëtes ſatyriques & bucoliques, ne ſont point dangereux quoiqu'ils ne diſent pas la vérité. Petit déſert. Loyer d'une Venta. Vertu mal logée. Femmes tricoteuſes.*

Bujalaroz, 23. Octobre 1760.

La majeure partie des écrivains de Voyages, ainſi que je l'ai déjà obſervé, ont depuis ces deux derniers ſiecles, & même plus anciennement, tâché de donner une idée déſavantageuſe du caractere de toutes les nations qui leur étoient étrangeres: les habitans de ce pays ne peuvent pas se louer d'avoir été mieux traités que les autres; on leur a souvent prodigué les épithetes, de *paresseux*, de *fiers*, de *jaloux*, de *superstitieux*, d'*impudiques*, de *vindicatifs*, & autres du même genre.

Il est constant que ces défauts sont assez communs par tout où il y a des hommes; peu de peuples, s'ils sont de bonne foi, oseront nier cette vérité. La question qu'il s'agit d'agiter, est de savoir la proportion de bonté & de méchanceté subsistante entre l'une & l'autre nation, en les comparant ensemble, afin de pouvoir assigner la portion convenable de louange & de blâme aux pays qui ont la plus forte, ou la plus foible provision de bonté ou de méchanceté.

Quoique les voyageurs spéculatifs aient pu faire, pour aider à notre discernement sur un sujet aussi épineux, & nous mettre en état de décider avec justesse qu'elle est la nation la plus aimable, & quelle est la plus haïssable, je confesserai bien humblement pour ma part, que mes facultés ont toujours été trop grossières pour cette espece d'Arithmétique morale; & que je suis incapable d'établir cette balance entre deux nations du petit nombre de celles que j'ai visitées.

Il seroit absurde de ne pas supposer que les Espagnols, considerés en général, ne fussent pas tout aussi abondans en méchanceté qu'aucune autre nation du monde. Cependant si l'on vouloit en croire ma nouvelle connoissance le chanoine de Siguenza, ses compatriotes les Aragonois seroient en grande partie exceptés de cette supposition; il affirme hardiment qu'ils sont tous bons, surtout lorsqu'on les compare avec les habitans des autres Provinces Espagnoles.

Ce bon Ecclésiastique m'a dit pendant la journée beaucoup de belles choses en faveur des Aragonois; & il a appuyé ses assertions par des raisons si plausibles, que la foible connoissance que j'ai de cette province en particulier, & de l'Espagne en général, ne sauroit me permettre de les révoquer en doute, ou de les combattre.

,, J'ai fait plusieurs courses dans nos
,, provinces, (m'a dit le chanoine,) & ai
,, rempli les fonctions de confesseur pen-
,, dant plusieurs années dans quelques unes.
,, J'ai eu par conséquent des occasions sans
,, nombre de me mettre au fait des diffé-
,, rens caracteres de mes concitoyens; &
,, je ne crois pas qu'aucun homme d'une
,, profession différente de la mienne eût pu

„ se procurer des lumieres aussi sûres à ce
„ sujet; encore moins un voyageur étran-
„ ger, qui ne vient dans ce pays comme
„ vous avez fait, que pour le regarder en
„ passant & le quitter tout de suite. Je
„ crois mériter que vous ajoutiez foi à
„ mon témoignage, lorsque je vous dis
„ que les Aragonois en particulier, sont
„ une des meilleures nations que vous
„ puissiez connoitre & que les Espagnols
„ en général méritoient un autre traite-
„ ment que celui qu'ils ont éprouvés de
„ la part des voyageurs qui les ont visités,
„ la plume à la main, ainsi que je vois que
„ vous faites."

Je suis moins porté pour les auteurs de voyages, lui ais-je répondu, que vous ne vous l'imaginez peut-être, & je peux vous assurer avec vérité, que mon intention n'est point de suivre les traces de la plûpart d'entr'eux. Il est vrai que je prends *note* de tout ce que j'entends & de tout ce que je vois à mesure que j'avance dans ma route, mais vous pouvez déjà vous être apperçu que je ne suis pas sujet à prendre de l'humeur ; ainsi vous auriez tort de me regarder comme un homme qui cherchera à se venger des incommodités & des traverses momentanées qu'il a éprouvées dans ce pays, aux dépens de ses habitans; soyez sûr, mon cher Monsieur, que je suis beaucoup plus enchanté d'avoir l'occasion de dire du bien d'une nation qu'elle quellesoit, que d'en dire du mal & comme vous me paroissez avoir bien des choses avantageuses à me raconter des Aragonois; daignez me les communiquer, & comptez que de façon ou d'autre, je trouverai moyen de les insérer dans la rélation de mon voyage d'Espagne.

Cette promesse a paru visiblement flatter le bon chanoine, & voici à-peu-près le discours qu'il m'a tenu.

„ Je vous avouerai franchement qu'à
„ Saragosse, ainsi que dans toutes nos autres
„ grandes villes, les méchans ne sont pas
„ rares, & que j'ai quelquefois oui par-
„ ler d'iniquités si atroces qu'à peine le
„ Tout-puissant auroit le pouvoir de les
„ pardonner. Mais mettant cette grande
„ ville de côté, & ne parlant que de la
„ province, qui est une des plus vastes
„ & des mieux peuplées du Royaume, je
„ peux vous dire avec vérité, qu'à peine
„ ais-je jamais eu d'occasion grave de que-
„ reller & de réprimander mes pénitens;
„ ayant toujours observé que celles de
„ leurs pensées, qui n'avoient pas trait à leurs
„ occupations indispensables, étoient entie-
„ rement tournées à la dévotion, à enten-

„ dre la meſſe, à réciter le roſaire, à aſſi-
„ ſter aux proceſſions, à la bénédiction,
„ & à s'acquitter des autres devoirs de cet-
„ te nature.

„ On entend rarement parler dans cette
„ province, non plus que dans celles de
„ l'intérieur du Royaume, de gens abſolu-
„ ment corrompus. Il faut aller à Madrid
„ ou dans nos grandes villes maritimes,
„ pour entendre parler de grandes, de ſin-
„ gulieres & de frequentes actions crimi-
„ nelles & méchantes. L'air de la cour,
„ je le dis avec douleur, eſt certainement
„ peſtilentieux pour bien des gens; celui
„ de la mer n'eſt pas moins dangereux que
„ le premier. Il n'eſt pas difficile de ren-
„ dre raiſon des cauſes qui font que la cor-
„ ruption regne ſans comparaiſon plus dans
„ ces différens endroits que parmi nous,
„ également éloignés par notre poſition
„ de la cour & de la mer: à la cour & dans
„ les ports de mer, les hommes ſont tota-
„ lement gouvernés par l'intérêt, & par
„ l'ambition; deux paſſions que nos mora-
„ liſtes ont nommées avec juſtice *les deux*
„ *plus groſſes cornes du Diable*. Mais
„ dans nos provinces de l'intérieur, où les
„ villes conſidérables & opulentes ſont ra-
„ res, la plus grande partie des habitans
„ ſont des payſans dont le tems ne ſau-

„ roit être autrement employé qu'aux in-
„ nocents travaux de la Campagne : &
„ vous favez que ceux qui n'ont d'autre
„ reſſource pour vivre que le produit d'un
„ travail continuel, ne fauroient être auſſi
„ vicieux que ceux qui ſe ſont enrichis
„ par les graces de la Cour, ou par le
„ Commerce, ſouvent avec rapidité; ce
„ qu'on ne peut ſe promettre nulle part
„ de l'agriculture & encore moins dans
„ cette Province d'Aragon.

„ Dans ce coin du monde (continua le
„ bon chanoine) on paſſe ſa vie dans la
„ plus grande ſimplicité & dans l'unifor-
„ mité la plus parfaite. L'on ſe leve en
„ général de bonne heure, & l'on tra-
„ vaille toute l'année ſans preſque aucun
„ relâche. On ne s'aſſemble pas non plus
„ en grand nombre les jours ouvrables avant
„ la nuit. Mais dès que le ſoleil eſt cou-
„ ché, les deux ſexes ſe joignent par tout
„ pour chanter & danſer avec tant de vivacité
„ que vous croiriez, ſi vous les voyez au
„ moment où ils commencent à s'échauf-
„ fer, qu'ils ont perdu la raiſon ; cette
„ coutume eſt ſi générale dans la plus
„ grande partie de nos Provinces, que s'il
„ vous étoit poſſible de voir d'un même
„ coup d'œil toute la Monarchie au mo-
„ ment où le jour a diſparu ; vous apper-

„ cevriez la meilleure partie de ſes habi-
„ tans, remuant vivement les jambes au
„ ſon de leurs guittares, de leurs caſta-
„ gnettes & de leurs voix, ſans en ex-
„ cepter les vieillards ni les enfans, pour-
„ vû qu'ils en aient la force."

Cette conduite ne vous paroît-elle pas répréhenſible? Je ſais que dans pluſieurs pays on ne penſe pas de même, & qu'en Italie il n'y a pas un ſeul moine qui, toutes les fois qu'il monte en chaire, ne déclame fortement contre la danſe. Peut-être, ignorez-vous, Monſieur, que dans les pays de la dépendance du Pape, qui eſt le chef de votre religion auſſi bien que de la nôtre, les Adminiſtrateurs des différentes Communautés, ſurtout de celles compoſées principalement de payſans, ont des ordres très-précis de les empêcher de s'aſſembler pour danſer, dans aucun tems, même en Carnaval.

„ Je ne ſais point (a repliqué le
„ chanoine) les effets que peut pro-
„ duire la danſe chez les Italiens. Mais
„ parmi nous, journaliere & univerſelle
„ comme elle l'eſt, elle ne conduit point
„ du tout au vice. Il ſe peut que vos
„ compatriotes ſoient moins réligieux que
„ les miens, & que leur relâchement ſur
„ l'article de la religion les expoſe plus

„ que nous aux embuches du Diable. On
„ dira ce qu'on voudra; *Il eſt ſûr que la
„ danſe eſt une bonne choſe*; c'eſt un de
„ nos proverbes *baylas es coſa buena*,
„ & ſi elle ne l'étoit pas, nous avons aſ-
„ ſez de prêtres & de moines qui décla-
„ meroient ſi conſtamment contre elle
„ qu'ils parviendroient à la rendre moins
„ fréquente, & même à l'abolir entiere-
„ ment. Une longue expérience nous a
„ convaincus, que nos danſes de tous les
„ ſoirs, quoique ſouvent trop libres, rela-
„ tivement aux geſtes & aux poſtures, ſont
„ cependant de tous les amuſemens le plus
„ innocent que notre petit peuple puiſſe
„ ſe procurer; & je crois réellement que
„ ſi on les aboliſſoit, ils auroient recours
„ à d'autres plus dangereux pour paſſer
„ leurs ſoirées: en conſéquence ni le pou-
„ voir éccléſiaſtique, ni le pouvoir civil
„ n'ont juſqu'à preſent fait aucune tentati-
„ ve pour parvenir à les ſupprimer; il faut
„ néceſſairement que le peuple ait des di-
„ vertiſſemens."

Couronner les travaux du jour (lui ais-
je dit) par des réjouiſſances nocturnes de
l'eſpece la plus innocente, à ce que vous
prétendez, eſt un uſage ſi conforme à
ceux des paſteurs, que je ſuis tenté de
croire que vous ne faites que répéter ce

que vous avez lu dans des Romans de Bergeries. Je suis cependant de votre sentiment, & je pense que les habitans des campagnes n'ont, ni ne peuvent avoir les vices que les habitans des villes ont & doivent avoir. Mais, Monsieur, les paysans Aragonois ne sont-ils pas tout aussi paresseux, & ennemis du travail que les autres paysans du Royaume, qui ont la réputation dans toute l'Europe d'être les plus indolents & les plus orgueilleux du monde entier?

„ Je sais (m'a repliqué le chanoine
„ du plus grand sérieux) que les François
„ nous ont longtems accusé de fierté, d'é-
„ loignement pour le travail; je sais qu'ils
„ parlent souvent entre eux des épées que
„ nos paysans portent au côté, même en
„ suivant la charue, & du soin qu'ils ont
„ de les faire voir pour qu'on les croie
„ Gentils-hommes; je sais que l'on se mo-
„ que de la coutume que nous avons de
„ pendre même aux murailles de nos
„ chaumieres nos Généalogies, & que
„ nos moindres *Hidalgos* se croient des-
„ cendus d'ancêtres aussi glorieux que ceux
„ du Roi: mais laissons les François s'é-
„ gayer tout à leur aise, leurs absurdes
„ assertions nous font peu de tort. Il est
„ vrai que la derniere Classe du peuple

,, chez nous a fa bonne dofe de fierté, &
,, eft fort éloignée de penfer défavanta-
,, geufement d'elle même ; mais differe-t-
,, elle à cet égard de celle des autres na-
,, tions? Tous les hommes ne font-ils pas
,, auffi vains & auffi glorieux que nous?
,, Voilà une belle découverte, & falloit-il
,, beaucoup de peine pour s'affurer que
,, les hommes étoient vains & glorieux!
,, Etoit-il néceffaire de traverfer les Py-
,, renées pour faire une pareille décou-
,, verte? Il n'eft cependant pas vrai que
,, notre petit peuple garniffe fes murailles
,, de fes Généalogies : il n'eft pas vrai
,, que nos payfans portent des épées: &
,, il n'eft pas vrai que nos *Hidalgos*, quel-
,, ques-diftingués qu'ils foient, fe croient
,, auffi nobles que le Roi.

,, Quand à notre prétendue averfion
,, pour le travail, je vous dirai que tous
,, ceux qui font capables de travailler tra-
,, vaillent, dans la même proportion que
,, le peuple des autres pays. Si nos gens
,, ceffoient de travailler, ils mourroient
,, bientôt de faim, nos rivieres n'abondent
,, pas plus en lait, & en miel que celles
,, de nos voifins. Ne vivons-nous pas
,, tous? n'eft-ce pas là une bonne preuve
,, que nous travaillons? Il eft certain que
,, nous ne reftons point oififs, & par tout

„ où nos terres font propres à la culture,
„ elles font cultivées. Pour être convain-
„ cu de cette vérité, ayez feulement la
„ patience d'obferver attentivement nos
„ vignes à mefure que vous avancez dans
„ l'Aragon & dans la Caftille. Vous ver-
„ rez dans ces deux provinces que nous
„ n'avons point befoin que les François
„ nous apprennent l'art de la culture; &
„ fi nous y fommes auffi habiles qu'eux,
„ pourquoi fuppoferoit-on que nous leur
„ ferions inférieurs dans celui du laboura-
„ ge? Cet art eft très-bien connu dans nos
„ provinces à bled, comme il vous feroit
„ facile de vous en convaincre, en vifitant
„ la vieille Caftille & plufieurs autres pro-
„ vinces de la Monarchie: ce n'eft que
„ lorfque les étés font fort fecs, & quil
„ ne tombe point de pluie pendant plu-
„ fieurs mois, que nous fommes obligés
„ de tirer des grains de l'étranger: autre-
„ ment nous en avons par tout fuffifam-
„ ment: ce n'eft pas notre faute fi les
„ pluies ne tombent pas dans les faifons
„ convenables, & fi nos récoltes font
„ brûlées par les ardeurs du foleil avant
„ de parvenir à leur maturité: mais lorf-
„ qu'elles arrivent à propos, elles répan-
„ dent l'abondance dans nos provinces à
„ bled, & nous y avons des fermiers (par-

„ ticulierement dans la vieille Castille) qui
„ sont en état de donner des milliers de
„ pistoles en dot à leurs filles ; le nombre
„ des *Hidalgos* (21) dont les vieux châ-
„ teaux sont quelquefois réparés par le
„ moyen des riches & heureux mariages
„ qu'ils contractent avec des *Donzellas del*
„ *Campo* (filles des champs) est même
„ assez considérable.

„ Vous m'objecterez, peut-être, que
„ vous avez remarqué vous même de
„ vastes Cantons de pays entierement dé-
„ serts dans l'Estramadour, à Tolede, dans
„ la nouvelle Castille, & même dans cette
„ province quoique plus fertile ; mais ob-
„ servez, que si ces Cantons sont en fri-
„ che, il ne faut pas s'en prendre aux ha-
„ bitans. Comment cultiver des pays de-
„ stitués d'eau ? pouvons-nous créer des
„ rivieres & des ruisseaux pour humecter
„ nos déserts ? Rendez-nous aussi puissans
„ que les anciens Romains l'étoient, &
„ par ce moyen nous serons en état de
„ construire des aqueducs, qui auront
„ vingt, trente, & même cent lieues d'é-

(21) *Hidalgo* (abbréviation de *Hijo d'Algo* , *fils de*
quelqu'un) veut dire un homme de noble extraction.
Donzella del Campo, signifie une fille de campagne, une
paysanne.

„ tendue, comme ceux que ce peuple
„ avoit bâti du tems qu'il étoit poffeffeur
„ de cette contrée. Alors vous verrez que
„ nous déteftons autant l'oifiveté & les
„ déferts que les François.

„ Mais fans nous arrêter à des chofes
„ impoffibles, je voudrois que vous euffiez
„ occafion de parcourir la Biscaye, les
„ Afturies, le Royaume de Valence, &
„ quelques autres des provinces où les
„ eaux courantes font plus communes.
„ Vous ne trouveriez dans aucune un feul
„ morceau de terre, qui ne foit rendu
„ fertile par la culture : vous y verriez de
„ riches vignobles, & toutes les efpeces
„ d'arbres fruitiers orner même les monti-
„ cules les plus efcarpés, vous verriez les
„ furfaces des plus durs rochers réduits
„ en pouffiere par la pioche, recevoir
„ toutes fortes de femence, le bled & les
„ légumes croitre dans des lieux que l'on
„ croiroit à peine acceffible aux chevres.
„ L'eau, vous le favez, eft le grand mo-
„ bile de la végétation, fans elle le foleil
„ & la terre ne font prefque d'aucune uti-
„ lité pour l'agriculture, mais les hommes
„ ne fauroient la produire ; & là où il ne
„ s'en trouve point, le pays doit refter
„ tel qu'il eft. Notre province d'Aragon,

,, ainsi que vous avez pu l'observer est
,, mieux partagée en ruisseaux que la nou-
,, velle Castille, c'est pour cela qu'elle
,, est plus fertile : par la même raison,
,, vous trouverez la Catalogne encore meil-
,, leure que l'Aragon; car plus vous ap-
,, procherez des bords de la mer, plus les
,, ruisseaux deviendront nombreux ; & plus
,, ils auront de pente, ce qui facilite les
,, moyens de les diviser artificiellement en
,, plusieurs branches, & de les conduire
,, par des canaux dans tous les endroits
,, que l'on juge en avoir besoin. Vous
,, conclurez, si vous le voulez, d'après
,, ces avantages accidentels, que les Cata-
,, lans sont plus industrieux que les Arago-
,, nois, ou que les Aragonois sont plus
,, adonnés au travail que les habitans de la
,, nouvelle Castille, pourvû que vous me
,, permettiez de rire de votre méthode
,, françoise de tirer des conclusions."

Vous n'en ferez rien, lui ais-je dit, sur ma parole, car il y a longtems que je suis persuadé, que les hommes dans tout le monde se ressemblent beaucoup plus que l'on ne voudroit nous le faire croire. Mais en vous rendant grace de votre digression, ayez la complaisance de me dire encore quelque chose des Aragonois.

„ Je le répete encore (a continué le
„ chanoine) les Aragonois ne font pas
„ plus vicieux qu'aucun autre peuple qu'il
„ y ait fur la terre. Vous me direz peut-être,
„ que l'ignorance du vice eft une foible
„ vertu ? Je ne prétends point la décorer
„ d'un auſſi beau nom ? La vertu diſtin-
„ guée, & agiſſante n'eſt point le partage
„ de la multitude ; peut-être n'eſt-il pas
„ même néceſſaire que le gros des hu-
„ mains foit vertueux, fuivant toute l'éten-
„ due du terme, puiſque l'ignorance du
„ vice fuffit & répond aux principaux be-
„ foins de la fociété : il eſt inutile pour
„ le préfent de nous arrêter plus long-
„ tems fur cette matiere. Il fuffit d'établir
„ que les Aragonois font fort éloignés
„ d'être un compofé d'hommes vils. Je
„ les connois à fonds , & je peux vous
„ affurer que la plus grande partie font
„ exempts de vices déshonorants. La
„ gourmandife , & l'yvrognerie, font des
„ mots auxquels ils attachent les idées
„ les plus odieuſes. Ils ne font point
„ oififs quand ils peuvent s'occuper Ils
„ ne font point menteurs comme on aſſu-
„ re que le peuple l'eſt dans toute la
„ France. Ils ne font point fujets au
„ vol , & font réputés dans toute l'Ef-
„ pagne

„ pagne pour les meilleurs domestiques.
„ Ils ne sont point querelleurs, mais vi-
„ vent en paix, & en bonne intelligence
„ avec leurs voisins. Une des choses qui
„ prouve qu'ils ne sont point vicieux, est
„ l'empressement qu'ils ont de se marier,
„ & le peu d'exemple qu'il y a parmi eux
„ qu'ils aient manqué à la foi conjugale:
„ Nos muletiers-mêmes, qui sont con-
„ tinuellement sur la route de Madrid,
„ gardent la fidélité à leurs femmes: l'un
„ de leurs plus grands plaisirs est de leur
„ jeter dans leur tablier l'argent qu'ils
„ ont gagné dans leur Voyage, au moment
„ qu'ils rentrent chez eux.

„ Je ne prétends pas dire, (a ajouté
„ le bon chanoine) que ce caractere
„ puisse s'appliquer aux différentes Classes
„ d'habitans du Royaume, & que quel-
„ ques-uns de nos muletiers ne s'en-
„ ivrent, ne jurent, & n'aient quelque
„ chose à dire à toutes les servantes des
„ Posadas. Ceux de Valence & de Gali-
„ ce en particulier, passent pour une mé-
„ chante race, & on les représente sou-
„ vent de même sur nos Théâtres: Mais
„ il faut toujours avoir quelqu'indulgen-
„ ce pour les idées de cette espece, qui
„ prennent souvent leur source dans les

Tome III. M

,, préjugés, dans la haine, & dans
,, d'autres motifs dont l'on auroit peine
,, à découvrir la fource. Les Galiciens
,, & les Valenciens parlent des dialectes
,, dont le fon eft défagréable à l'oreille
,, des Caftillans, & à la nôtre, qui parlons
,, une langue affez femblable à celle de ces
,, derniers. J'ai fouvent obfervé, que la
,, différence dans le dialecte contribue à
,, faire naître une antipatie entre les divers
,, habitans d'une même nation, & porte
,, l'une à méprifer, à cenfurer, & à haïr
,, l'autre."

Il en eft précifément de même, lui ais-je dit dans quelques-uns de nos petits Etats d'Italie; Mais, Monfieur, avez-vous plufieurs Provinces en Efpagne, dont les dialectes ne foient pas entendus par les habitans de Caftille, & d'Aragon?

,, Dans deux jours d'ici (m'a-t-il ré-
,, pondu) vous en trouverez une qui eft
,, dans le cas. Vous n'entendrez certai-
,, nement pas le dialecte Catalan: Nous
,, favons bien que le fond eft Efpagnol;
,, mais les Catalans le défigurent fi fort
,, par leur prononciation, & l'ont d'ail-
,, leurs fi copieufement mêlé d'Italien, de
,, Gafcon, de François, de Provençal &
,, même de mots Bafques qu'il eft auffi

,, difficile à apprendre pour nous qu'au-
,, cune autre langue de l'Europe. Le
,, dialecte de Valence approche beaucoup
,, de celui de Catalogne ; mais nous le
,, comprenons plus aisément. Nous re-
,, gardons aussi le Galicien comme tres-
,, singulier : Cependant nous l'entendons
,, presque aussi bien que le Portugais. En
,, un mot, plus on s'éloigne de la nou-
,, velle Castille, plus on trouve de dif-
,, férence dans nos dialectes, ce que vous
,, concevrez aisément ; mais celui qui est
,, pour nous le plus difficile à apprendre
,, est le *Basque*, c'est-à-dire ce langa-
,, ge, qui se parle depuis la ville *d'Irum*,
,, jusqu'à celle de *Tafalla* d'un côté, &
,, celle de *Santander* de l'autre."

Je connois si peu, lui ais-je répondu,
la Géographie de votre pays, que je suis
obligé de vous prier de m'apprendre où
sont situées ces trois villes ; à peine les
avois-je ouï nommer auparavant.

,, Je n'en suis point étonné, a repli-
,, qué le chanoine, car aucune n'est bien
,, considérable *Irum* est située sur les
,, bords d'une riviere nommée *Bęovia*
,, par les Biscayens, & *Bidassoa* par les
,, François. *Irum* est éloignée d'envi-
,, ron une demie lieue de *l'Isle des fai-*

M 2

„ *fans*: c'est-à-dire d'une petite Isle qui
„ est dans cette riviere, qui n'a pas un
„ demi mille de circonférence, qui a été
„ assez célebre depuis la conférence im-
„ portante qu'y eurent notre honnête *Don*
„ *Louis de Haro*, & votre rusé *Cardinal*
„ *Mazarin*.

„ La petite ville de *Tafalla* est située
„ dans le Royaume de Navarre, à six
„ lieues sud de sa Capitale, nommée *Pam-*
„ *pelune*; & *Santander* est un petit port
„ de mer, placé à l'extrémité de la Biscaye
„ du côté de la principauté des *Asturies*.

„ *Irum*, *Tafalla*, & *Santander* for-
„ ment une espece de triangle, dont *San-*
„ *tander* est la pointe la plus aigue. Dans
„ ce triangle sont enclavées la principau-
„ té de Biscaye, la petite province de *Gui-*
„ *puscoa*, la meilleure partie de la *Navar-*
„ *re*, ainsi que sa Capitale, & un district
„ très étroit nommé *Alava*: on ne parle
„ dans toute cette étendue de pays aucun
„ dialécte Espagnol que la seule lan-
„ gue, (beaucoup plus ancienne que no-
„ tre Monarchie) nommée *Basque*.

„ J'ai résidé dans la Biscaye & dans quel-
„ ques autres parties de la Navarre plus
„ d'une année, & j'ai tâché d'apprendre
„ cette langue, mais assez inutilement, car
elle

,, elle eſt tout à fait différente de l'Eſpag-
,, nol, du François & du Latin, & ſi l'on
,, en croit ce que diſent nos gens de let-
,, tres, elle ne reſſemble à aucune de celles
,, dont on fait uſage en Europe.
,, Mais je m'appercois que nous nous
,, éloignons conſidérablement de notre pre-
,, mier ſujet (dit le chanoine) & que
,, nous nous engageons inſenſiblement dans
,, un nouveau qu'il n'eſt pas facile d'épui-
,, ſer; réſervons-le pour demain, vû que
,, nous ne tarderons pas à arriver. Alors
,, nous parlerons des Biſcayens, de leur
,, langage, de leurs mœurs & de leur pays.
,, Concluons notre converſation d'aujour-
,, d'hui par ce proverbe familier, *que le*
,, *Diable n'eſt pas auſſi noir qu'on le peint*,
,, ni les Eſpagnols auſſi pareſſeux & auſſi
,, méchans qu'il plait aux François de le
,, dire."
Telle a été la ſubſtance de notre long
entretien de cet après-diné ; & telle eſt l'o-
pinion que ma nouvelle connoiſſance a des
Eſpagnols en général, & des Aragonois
en particulier. Mais il n'eſt pas beſoin
d'être ſorcier pour ſavoir que l'on peut
dire, avec juſtice, la même choſe de tous
les peuples qui vivent dans les parties in-
térieures d'un pays un peu étendu quel

qu'il puisse être, qu'il dit de ceux qui habitent les provi·· es d'Espagne qui se trouvent dans cet même situation. Ce n'est seulement que dans les villes considérables & peuplées que les méchans ont la facilité de s'associer pour se soutenir les uns les autres & confondre leur perversité avec celle de leurs semblables; tandis que dans des endroits resserrés, peu osent être vicieux, en partie faute de gens qui leur ressemblent, & en partie par ce que la méchanceté est peu profitable, & qu'elle ne tarde pas à être bientôt découverte dans une société peu nombreuse. Les écrivains de Voyages, sont par conséquent très-blamables, lorsqu'ils s'apésantissent indistinctement sur une nation respectable, & attribuent à toute la masse de ses individus les défauts qu'ils ont fréquemment remarqué chez les nombreux habitans d'une Capitale. Le satyrique chagrin qui peint une nation comme parfaitement corrompue, & le poëte bucolique qui en décrit une autre comme parfaitement innocente, s'écartent également de la vérité; tous deux trompent leurs lecteurs autant qu'il est en leur pouvoir; ils méritent également la censure; cependant elle ne doit pas être bien amere; dans le fait personne n'est dupe de leurs descriptions & de leurs peintures exagérées : Chaque lecteur a appris de bonne heure le cas qu'il doit faire de la satyre, & de la louange : Mais on ne doit point confondre avec eux celui qui, se confiant sur l'éloignement des lieux, & la difficulté qu'il y a de vérifier ses assertions, représente les nations sous de fausses couleurs, donne un caractere dépravé à celle-ci, & un plus vicieux à celle-là, s'efforçant par là, d'entretenir de faux préjugés, & de semer des haines dans l'esprit d'une partie des hommes contre l'autre. Pareil écrivain mérite non-seulement d'être sévèrement censuré & abhorré, mais encore d'être relegué parmi les cannibales & les sauvages, comme l'ennemi commun de tout le genre humain. Pour éviter d'être rangé dans la Classe de ces détracteurs infâmes; que personne n'écrive rien de ce qu'il a vu qu'après que l'humeur qui s'empare facilement d'un esprit aigri par les traverses nombreuses & inévitables que l'on rencontre ordinairement dans les Voyages, ne soit dissipée, & n'écrive jamais qu'il ne soit de sens rassis. Je suis sûr qu'alors on trouvera tous les hommes à peu-près semblables dans tous les pays, & qu'aucun écrivain ne lâchera contre des millions les invectives qu'un petit nombre mérite à peine.

Revenons à préfent à la courte hiftoire du jour. Nous avons dîné à la *Venta de Ste. Lucie*, éloignée de trois lieues de ce village de *Bujalaroz*, & fituée au milieu d'un petit défert. Le *Ventero*, m'a dit, qu'il payoit annuellement trois cents piaftres fortes pour le loyer de cette méchante maifon, qui peut à peine avoir coûté cette fomme à bâtir. Rien à proportion n'eft fi cher en Efpagne que le loyer des *Ventas* & des *Pofadas*. Je fuis étonné que le *Ventero de Ste. Lucie* n'écorche pas tous les voyageurs qui logent chez lui, pour fe récompenfer d'une fomme auffi exhorbitante. Mais le paffage continuel de beaucoup de muletiers, lui procure le moyen de fatisfaire le propriétaire, & même de s'entretenir lui & fa famille: l'habitude qu'il s'eft faite de ne pas trop exiger de ces gens-là, qui ne fouffriroient certainement pas qu'il leur en impofât, fait qu'il eft honnête avec tous les paffans indiftinctement. Il nous a donné, au chanoine & à moi, une bonne volaille, deux perdrix, une falade, & un morçeau de fromage, outre le pain &

le vin ; avec tout cela ma part de l'écot ne s'est pas tout à fait montée à quatre réaux. Quand il nous auroit demandé trois fois autant, nous ne l'aurions pas trouvé déraisonnable ; je n'ay pas manqué de le lui dire, en montant en voiture & en prenant congé de lui ; je suis bien persuadé que vous ne vous seriez pas plaint, m'a-t-il répondu, *mais je ne veux pas aller en enfer pour si peu de chose.* C'est dommage, ais-je dit en moi même, que la vertu soit si mal vêtue, & si pitoyablement logée.

A l'instant où nous avons mis pied à terre ici, nous avons été entourés d'une foule de femmes, toutes occupées à tricoter des bas, qu'elles nous ont offerts pour le modique prix de neuf réaux la paire, quoiqu'ils soient des bien tricotés, & passablement fins.

Fin du Troisieme Volume.

LIVRES NOUVEAUX.

MARC-MICHEL REY *Libraire à Amsterdam*, & STOUPE *Imprimeur à Paris*, vendent le *Supplément à L'Encyclopédie* ou Dictionnaire Raisonné des Sciences, des Arts & des Métiers en V. Vol. in folio, dont 1 de Planches. Les deux premiers Volumes actuellement en vente, à ƒ 30 - : - : le troisieme en Février 1777. à ƒ 12 - : - : & les IV & Vme. en Août 1777. à ƒ 30 - : - : *de Hollande*.

Rey continue l'Impression du *Journal des Sçavans* à ƒ 8 - 8 - : les XIV parties qui composent l'année.

On trouve chez lui *L'Encyclopédie*, *fol.* 28 Vol. sçavoir XVII de Discours & XI de planches, édition de Geneve conforme à celle de Paris.

Collection de Planches enluminées & non enluminées, représentant au naturel ce qui se trouve de plus intéressant & de plus curieux parmi les *Animaux*, les *Végétaux* & les *Minéraux*, par M. Buchoz. les VIII premiers Cahiers : à ƒ 15 - 15 - le Cahier.

Collection enluminée des fleurs les plus rares & les plus curieuses qui se cultivent, tant dans les jardins de la Chine que dans ceux de l'Europe, ouvrage utile aux Amateurs, aux Fleuristes, aux Peintres, aux Dessinateurs, aux Directeurs des Manufactures en Fayance, Porcelaine, Tapisserie, Etoffes de laine, de Soie, Papiers peints, & autres Artistes. A Paris, 1 vol. in-folio, papier d'Hollande, chez l'Auteur, rue des Saints-Peres, vis-à-vis l'Eglise de la Charité, & chez REY, Libraire. Cet ouvrage se publie par cahiers ; il en paroît déja quatre : le prix de chaque cahier est de ƒ 12 - : - :

Morale Universelle (la) ou les Devoirs de l'Homme fondés sur la Nature 8vo. 3 Vol. à ƒ 3 - 15 - :

Ethocratie, ou le Gouvernement fondé sur la Morale 8vo. 1 Vol. à ƒ 1 - 10 - :

Principes de la Législation Universelle en 2 Vol. 8. à ƒ 3 - : -

Dictionnaire raisonné d'Hippiatrique, Cavallerie, Manege & Maréchallerie, par M. la Fosse, 8vo. 2 vol. 1775. à ƒ 4 - : - :

Lettre à Messieurs de l'Académie Françoise sur la nouvelle Traduction de Shakespeare, 8vo. à 6 sols.

Exposé des Droits des Colonies Britanniques, 8vo. à 12 sols.

Poësie del signor abate Pietro Metastasio, 8vo 10 vol. 1757 — 1768. à ƒ 15 - : - : le même ouvrage en Italien en 6 vol. in-douze à ƒ 9 - : - :

Essai sur les moyens de diminuer les dangers de la Mer, par M. de Lelyveld, Traduit du Hollandois. 8vo. à ƒ 1 - : -

Essai sur les Cometes, par Mr. André Oliver. Traduit de l'Anglois, 8vo. 1 vol. fig. à ƒ 1 - 10 - :

LIVRES NOUVEAUX.

DE L'HOMME ou des principes & des Loix de l'influence de l'Ame fur le Corps & du Corps fur l'Ame, par le Docteur *Marat*, en 3 vol. in douze à ƒ 3 - 15 - :

Lettres Chinoifes, Indiennes & Tartares, &c. 8vo. à ƒ 1 - : - :

Remontrances du Parlement de Paris contre les Edits portant l'abolition des Corvées; &c. avec des additions, 8vo. à 10 *fols.*

Choix de Chanfons mifes en Mufique par M. *de la Borde*, Premier Valet-de Chambre ordinaire du Roi, Gouverneur du Louvre. Ornées d'Eftampes par I. M. Moreau, Dédié à Madame la Dauphine. 4 *vol.* Gravées par Morin & Mlle. Vendôme. *Paris* 1773. à ƒ 60 : -

Monde Primitif, analyfé & comparé avec le Monde Moderne &c. 4to 4 *Tomes* 1773 ——— 1776. à 30 *flor.*

De l'Homme, de fes Facultés intellectuelles, & de fon Education, ouvrage pofthume de M. *Helvetius*, 8vo. 3 *vol.* 1774. à ƒ 3 : 15 *fols*.

Mémoires fur les Campagnes d'Italie en 1745, 1746 &c. 1 *vol.* 1777. à ƒ 1 - 5 - :

Hiftoire Naturelle de la Parole, ou Précis de l'Origine du Langage & de la Grammaire Univerfelle, par M. Court de Gebelin, 8. 1 vol. fig. *Paris* 1776. à ƒ 3 : -

MARC-MICHEL REY, *Libraire à Amfterdam*, continue de d'imprimer & de débiter le MERCURE DE FRANCE, ouvrage périodique contenant des *Pieces Fugitives en Vers & en Profe*, *des Enigmes*, *Logogryphes*, *Nouvelles Littéraires*, *Annonces des Spectacles*, *Avis concernant les Arts agréables*, *comme Peinture*, *Architecture*, *Gravure*, *Mufique* &c. quelques *Anecdotes*, *des Edits*, *Arrêts*, *Déclarations*; *des Avis*, *des Nouvelles Politiques*; *les Naiffances & les Morts des Perfonnages les plus illuftres*: *les tirages des Loteries*, & affez fouvent des *additions intéreffantes de l'Editeur de Hollande*. Cet ouvrage a 16 volumes par année que l'on peut fe procurer par abonnement pour ƒ 12-:-: ceux qui voudront avoir des parties féparées les payeront à raifon d'un florin. On peut avoir chez lui les années 1770 ——— 1776.

Traduction des XXXIV, XXXV, & XXXVI. Livres de PLINE L'ANCIEN, avec des Notes : par ETIENNE FALCONET. *Seconde Edition*. On y a joint d'autres écrits relatifs aux Beaux-Arts, grand 8vo. 2 *vol. La Haye*, 1773. ƒ 4. *de Hollande.*

Effais Politiques fur la véritable Liberté Civile, difcours adreffé au peuple d'Angleterre. 8. *à* 12 *fols.*

LIVRES NOUVEAUX.

Journal de Lecture, ou Choix Périodique de Littérature & de Morale. 12. No. 1 à 18. ou tom I. prem. partie à tom. 6. IIIe. Partie. Paris 1775—1776. à *f* 9. pour les 4 Tomes en 12 Parties, ou *f* 18 : - pour les XXIV parties.

Les Récréations de la Toilette. Histoires, Anecdotes, Aventures amusantes & intéressantes. in-12. 2 *vol. Paris*, 1775. à *f* 3 : -

Mélanges de Philosophie & de Mathématiques de la Société Royale de Turin, 4to 4 *vol. fig.* 1759 ——— 1769.

Les Loisirs du Chevalier d'Eon de Beaumont, ancien Ministre Plénipotentiaire de France, sur divers sujets importans d'administration, &c. pendant son séjour en Angleterre. Grand 8vo. en XIII Volumes 1774.

Oeuvres Philosophiques & Mathématiques de M. *Guil. Jacob s'Gravesande*, rassemblées & publiées par *Jean-Nic. - Seb. Allamand* Professeur à Leyde. 4to 2 *vol. avec* XXX *Planches en taille - douce. Amst.* 1774. à *f* 8 : -

Les Droits de Dieu, de la Nature & des Gens, tirés d'un livre de M. *Abbadie* intitulé : Défense de la Nation Britannique, ou Réponse à l'avis aux Réfugiés. On y a ajouté un Discours de M. *Noodt* sur les Droits des Souverains, *grand in-douze,* 1 *vol.* 1775. à *f* 1 : -

L'Histoire de la Campagne de 1769. entre les Russes & les Turcs, travaillée sur des mémoires très-authentiques ; les Cartes & Plans sont des copies exactes & fidelles de ceux-mêmes qui ont été dressés alors sur les lieux par ordre du Chef-Commandant de l'Armée 8vo. 1 *vol.* à *f* 6 : - :

Lettres Historiques & Dogmatiques sur les Jubilés & les Indulgences &c. par M. Ch. Chais, en 3 *vol.* 8vo. à *f* 3 : 15 *de Hollande.*

Jérusalem Délivrée Poëme du Tasse. Nouvelle traduction 2 *vol. grand in-douze. Paris* 1774. à *f* 2 : -

Oeuvres de Voltaire, *grand in-*8vo. 62. *vol. Edition de Geneve.*

ERRATA.

Pour le Voyage de Londres à Gênes.

TOME TROISIEME.

Page 2. ligne 2. *Alloa*, lisez *Ulloa*.
— 13. - - - 22. *de la sengua*, lisez *de la lengua.*
— 43. - - - 2. *jarmiento*, lisez *sarmiento.*
— 65. - - - 10. a donné latin, *lisez* a donné en latin.
— 70. - - - 14. en 1761, *lisez* 1661.
— 73. - - - 13. *Alloa*, lisez *Ulloa*.
— 74. - - - 14. dans l'agriculture, *lisez* sur l'agriculture.
— 103. - - - 24. un le genou, *lisez* un genou.
— 199. - - - 18. tout entiere, *lisez* entier.

ERRATA.

Page 207. ligne 9. vie paftorable, *lifez* vie paftorale.

—— 229. ligne 11. *Vega*, lifez *Uega*.

—— 236. - - - 15. *Marillos*, *lifez* Murillos.

—— 241. - - - 1. Calderos, *lifez* Calderons.

—— 257. - - - 4. Balas, *lifez* Baylar.

www.ingramcontent.com/pod-product-compliance
Lightning Source LLC
Chambersburg PA
CBHW050654170426
43200CB00008B/1285